브랜드만족
1위
박문각

근거자료
별면표기

2025

파이널 패스 핵심이론 + 100선

박문각 공인중개사

임기원

2차

부동산세법

박문각 공인중개사

CONTENTS

이 책의 차례

박문각 공인중개사

CHAPTER

01

조세총론

01 | 조세의 개념 및 분류

01 조세의 개념

조세(租稅)란 국가 또는 지방자치단체가 필요한 일반 경비 및 특정 목적경비를 조달하기 위하여 구체적인 개별적 반대급부 없이 납세의무자인 개인 또는 법인으로부터 강제로 거두어들이는 금전적 부담을 말한다. 다만, 일부 세목에 대해서는 물납과 분할납부가 가능하다.

구 분	물 납	분할납부
취득세	×	×
등록면허세	×	×
재산세 (도시지역분 포함)	1천만원 초과	250만원 초과
종합부동산세	×	250만원 초과
소득세	×	1천만원 초과

02 조세의 분류

1 과세주체에 따른 분류

(1) **국가가 부과**: 국세

(2) **지방자치단체가 부과**: 지방세

구 분	과세주체	
취득세	지방세	특별시, 광역시, 도
등록면허세	지방세	도, 구
재산세	지방세	시, 군, 구
종합부동산세	국 세	세무서
소득세	국 세	세무서

2 과세표준 및 세율 적용방법에 따른 분류

구 분	과세표준		세 율	
취득세	물세	×	비례세	×
등록면허세	물세	×	비례세	×
재산세	물세	인세	비례세	누진세
종합부동산세	×	인세	비례세	누진세
소득세	×	인세	비례세	누진세

03 취득, 보유, 양도 관련 조세

취 득	보 유	양 도
취득세 등록면허세 상속세 증여세	재산세 종합부동산세	–
지방교육세	지방교육세	–
–	종합소득세 지방소득세	종합소득세 양도소득세 지방소득세
농어촌특별세 부가가치세	농어촌특별세 부가가치세	농어촌특별세 부가가치세
인지세	–	인지세

필수 확인문제

01 조세의 납부방법으로 물납과 분할납부가 둘 다 가능한 것을 모두 고른 것은? (단, 물납과 분할납부의 법정 요건은 전부 충족한 것으로 가정함)

> ㉠ 부동산임대업에서 발생한 사업소득에 대한 종합소득세
> ㉡ 종합부동산세
> ㉢ 취득세
> ㉣ 재산세 도시지역분
> ㉤ 소방분 지역자원시설세

① ㉠　② ㉡
③ ㉣　④ ㉠, ㉤
⑤ ㉢, ㉣

02 「지방세기본법」상 특별시세 세목이 아닌 것은?

① 주민세　② 취득세
③ 지방소비세　④ 지방교육세
⑤ 등록면허세

03 부동산을 취득하는 경우, 취득단계에서 부담할 수 있는 세금을 모두 고른 것은?

> ㉠ 재산세　㉡ 농어촌특별세
> ㉢ 종합부동산세　㉣ 지방교육세
> ㉤ 인지세

① ㉠, ㉡, ㉢　② ㉠, ㉡, ㉤
③ ㉠, ㉢, ㉣　④ ㉡, ㉣, ㉤
⑤ ㉢, ㉣, ㉤

04 국내소재 부동산의 보유단계에서 부담할 수 있는 세목을 모두 몇 개인가?

> • 농어촌특별세
> • 지방교육세
> • 개인지방소득세
> • 소방분 지역자원시설세

① 0개　② 1개
③ 2개　④ 3개
⑤ 4개

Answer 01. ③ 02. ⑤ 03. ④ 04. ⑤

02 | 조세의 용어정리

1 표준세율

표준세율이란 지방자치단체가 지방세를 부과할 경우에 통상 적용하여야 할 세율로서 재정상의 사유 또는 그 밖의 특별한 사유가 있는 경우에는 이에 따르지 아니할 수 있는 세율을 말한다.

2 납세자

납세자란 납세의무자(연대납세의무자와 제2차 납세의무자 및 보증인을 포함)와 지방세를 특별징수하여 납부할 의무를 지는 자를 말한다.

3 납세의무자

납세의무자란 「지방세법」에 따라 지방세를 납부할 의무(지방세를 특별징수하여 납부할 의무는 제외)가 있는 자를 말한다.

4 연대납세의무

납세의무자가 납세에 관한 의무를 이행할 수 없는 경우에 해당 납세의무자와 관계있는 자로 하여금 상호 연대하여 동일한 납세의무를 지게 하는 것을 말한다.

5 제2차 납세의무자

제2차 납세의무자란 납세자가 납세의무를 이행할 수 없는 경우에 납세자를 갈음하여 납세의무가 있는 자를 말한다.

6 보통징수

보통징수란 세무공무원이 납세고지서를 해당 납세자에게 발급하여 지방세를 징수하는 것을 말한다.

7 특별징수

특별징수란 지방세를 징수할 때 편의상 징수할 여건이 좋은 자로 하여금 징수하게 하고 그 징수한 세금을 납부하게 하는 것을 말한다.

8 가산세

가산세란 의무의 성실한 이행을 확보하기 위하여 의무를 이행하지 아니할 경우에 산출한 세액에 가산하여 징수하는 금액을 말한다.

9 지방자치단체의 징수금

지방자치단체의 징수금이란 지방세 및 체납처분비를 말한다. 이 경우 지방자치단체의 징수금의 징수순위는 체납처분비, 지방세(가산세는 제외), 가산세의 순이다.

10 체납처분비

체납처분비란 체납처분에 관한 규정에 따른 재산의 압류・보관・운반과 매각에 드는 비용(매각을 대행시키는 경우 그 수수료를 포함)을 말한다.

11 부 과

부과란 지방자치단체의 장이 지방세기본법 또는 지방세관계법에 따라 납세의무자에게 지방세를 부담하게 하는 것을 말한다.

12 징 수

징수란 지방자치단체의 장이 지방세기본법 또는 지방세관계법에 따라 납세자로부터 지방자치단체의 징수금을 거두어 들이는 것을 말한다.

필수 확인문제

01 「지방세기본법」 및 「지방세법」상 용어의 정의에 관한 설명으로 틀린 것은?

① '보통징수'란 지방세를 징수할 때 편의상 징수할 여건이 좋은 자로 하여금 징수하게 하고 그 징수한 세금을 납부하게 하는 것을 말한다.
② 취득세에 사용하는 용어 중 '부동산'이란 토지 및 건축물을 말한다.
③ '세무공무원'이란 지방자치단체의 장 또는 지방세의 부과·징수 등에 관한 사무를 위임받은 공무원을 말한다.
④ '납세자'란 납세의무자(연대납세의무자와 제2차 납세의무자 및 보증인 포함)와 특별징수의무자를 말한다.
⑤ '지방자치단체의 징수금'이란 지방세 및 체납처분비를 말한다.

02 「지방세기본법」상 용어의 정의로 옳은 것은?

① '연대납세의무자'란 납세자가 납세의무를 이행할 수 없는 경우에 납세자를 갈음하여 납세의무가 있는 자를 말한다.
② '표준세율'이란 지방자치단체가 지방세를 부과할 경우에 조례의 위임을 받은 지방자치단체장이 정하는 바에 따라 가감하여 적용하여야 할 세율을 말한다.
③ '납세의무자'란 세법에 따라 지방세를 납부할 의무가 있는 자를 말하며 지방세를 특별징수하여 납부할 의무가 있는 자는 제외한다.
④ '체납처분비'란 지방세를 체납한 경우 「지방세기본법」에 따라 고지세액에 가산하여 징수하는 금액과 행정처리에 드는 비용을 말한다.
⑤ '징수'란 지방자치단체의 장이 「지방세기본법」 또는 지방세관계법에 따라 납세의무자에게 지방세를 부담하게 하는 것을 말한다.

03 국세 및 지방세의 연대납세의무에 관한 설명으로 옳은 것은?

① 공동주택의 공유물에 관계되는 지방자치단체의 징수금은 공유자가 연대하여 납부할 의무를 진다.
② 공동으로 소유한 자산에 대한 양도소득금액을 계산하는 경우에는 해당 자산을 공동으로 소유하는 공유자가 그 양도소득세를 연대하여 납부할 의무를 진다.
③ 공동사업에 관한 소득금액을 계산하는 경우(주된 공동사업자에게 합산과세되는 경우 제외)에는 해당 공동사업자가 그 종합소득세를 연대하여 납부할 의무를 진다.
④ 상속으로 인하여 단독주택을 상속인이 공동으로 취득하는 경우에는 상속인 각자가 상속받는 취득물건을 취득한 것으로 보고, 공동상속인이 그 취득세를 연대하여 납부할 의무를 진다.
⑤ 어느 연대납세의무자에 대하여 소멸시효가 완성된 때에도 다른 연대납세의무자의 납세의무에는 영향을 미치지 아니한다.

Answer 01. ① 02. ③ 03. ④

03 | 납세의무 성립 및 확정

1 납세의무 성립시기

(1) **취득세**: 과세물건을 취득하는 때

(2) **등록면허세**: 재산권과 그 밖의 권리를 등기 또는 등록하는 때

(3) **재산세**: 과세기준일(6월 1일)

(4) **소방분 지역자원시설세**: 과세기준일(6월 1일)

(5) **개인분 및 사업소분 주민세**: 과세기준일(7월 1일)

(6) **자동차 소유에 대한 자동차세**: 납기가 있는 달의 1일

(7) **소득세**

① **일반적인 경우**: 과세기간(1월 1일부터 12월 31일까지)이 끝나는 때

② **예정신고하는 소득세**: 그 과세표준이 되는 금액이 발생한 달의 말일

③ **중간예납하는 소득세**: 중간예납기간(1월 1일부터 6월 30일)이 끝나는 때

④ **원천징수하는 소득세**: 소득금액을 지급하는 때

(8) **종합부동산세**: 과세기준일(6월 1일)

(9) **지방교육세**: 그 과세표준이 되는 세목의 납세의무가 성립하는 때

(10) **농어촌특별세**: 본세의 납세의무가 성립하는 때

(11) **수시로 부과하여 징수하는 국세 및 지방세**: 수시 부과할 사유가 발생하는 때

(12) **가산세**

① **무신고가산세, 과소신고가산세**: 법정신고기한이 경과하는 때

② **그 밖의 가산세**: 가산세를 가산할 사유가 발생하는 때

2 납세의무 확정

(1) **대부분의 조세**(신고납부하는 종합부동산세 포함)

① **원칙**: 납세의무자가 과세표준과 세액을 납세지 관할관청에 신고하는 때

② **예외**: 납세의무자가 과세표준과 세액의 신고를 하지 아니하거나 신고한 과세표준과 세액이 지방세관계법에 어긋나는 경우에는 지방자치단체가 과세표준과 세액을 결정하거나 경정하는 때

(2) **일부세목**: 과세표준과 세액을 정부가 결정하는 때

① **지방세**: 재산세, 지역자원시설세, 재산세에 부가되는 지방교육세, 자동차세, 주민세

② **국세**: 종합부동산세(신고납부를 하지 않은 경우), 상속세, 증여세

납세의무 확정

구 분		확정방법	
취득세		원칙: 신고	예외: 결정 · 경정
등록면허세		원칙: 신고	예외: 결정 · 경정
재산세		×	원칙: 결정
종합부동산세	원 칙	×	원칙: 결정
	신 고	원칙: 신고	예외: 경정
소득세		원칙: 신고	예외: 결정 · 경정

필수 확인문제

01 국세 및 지방세의 납세의무 성립시기에 관한 내용으로 옳은 것은? (단, 특별징수 및 수시부과와 무관함)

① 사업소분 주민세: 매년 7월 1일
② 거주자의 양도소득에 대한 지방소득세: 매년 3월 31일
③ 재산세에 부가되는 지방교육세: 매년 8월 1일
④ 중간예납하는 소득세: 매년 12월 31일
⑤ 자동차 소유에 대한 자동차세: 납기가 있는 달의 10일

02 「지방세기본법」상 납세의무의 성립시기로 옳은 것은?

① 개인분 주민세: 재산세 과세기준일
② 수시부과에 의하여 징수하는 재산세: 수시부과 하는 때
③ 무신고가산세: 가산세를 가산할 사유가 발생하는 때
④ 지방교육세: 그 과세표준이 되는 세목의 납세의무가 성립하는 때
⑤ 원천징수하는 소득세: 과세기간이 끝나는 때

03 원칙적으로 과세관청의 결정에 의하여 납세의무가 확정되는 지방세를 모두 고른 것은?

㉠ 취득세	㉡ 종합부동산세
㉢ 재산세	㉣ 양도소득세

① ㉠ ② ㉡ ③ ㉢
④ ㉡, ㉢ ⑤ ㉢, ㉣

04 부동산 관련 조세의 납세의무가 원칙적으로 확정되는 시기이다. 이 중 가장 옳게 연결된 것은?

① 종합부동산세: 해당 종합부동산세의 과세표준과 세액을 정부가 결정하는 때
② 소득세: 해당 소득세의 과세표준과 세액을 정부가 결정하는 때
③ 취득세: 해당 취득세의 과세표준과 세액을 지방자치단체가 결정하는 때
④ 신고납부하지 않은 지방세: 해당 지방세의 과세표준과 세액을 해당 지방자치단체가 통지하는 때
⑤ 재산세: 해당 재산세의 과세표준과 세액을 지방자치단체에 신고하는 때

05 거주자인 개인 甲이 乙로부터 부동산을 취득하여 보유하고 있다가 丙에게 양도하였다. 甲의 부동산 관련 조세의 납세의무에 관한 설명으로 <u>틀린</u> 것은? (단, 주어진 조건 외에는 고려하지 않음)

① 甲이 乙로부터 증여받은 것이라면 그 계약일에 취득세 납세의무가 성립한다.
② 甲이 乙로부터 부동산을 취득 후 재산세 과세기준일까지 등기하지 않았다면 재산세와 관련하여 乙은 부동산 소재지 관할 지방자치단체의 장에게 소유권변동사실을 신고할 의무가 있다.
③ 甲이 종합부동산세를 신고납부방식으로 납부하고자 하는 경우 과세표준과 세액을 해당 연도 12월 1일부터 12월 15일까지 관할 세무서장에게 신고하는 때에 종합부동산세 납세의무는 확정된다.
④ 甲이 乙로부터 부동산을 40만원에 취득한 경우 등록면허세 납세의무가 있다.
⑤ 양도소득세의 예정신고만으로 甲의 양도소득세 납세의무가 확정되지 아니한다.

Answer 01. ① 02. ④ 03. ③ 04. ① 05. ⑤

04 | 가산세, 기한 후 신고, 수정신고

1 가산세

(1) **특징**: 가산세는 해당 의무가 규정된 세법의 해당 국세 또는 지방세의 세목으로 한다. 다만, 해당 국세 또는 지방세를 감면하는 경우 가산세는 그 감면하는 국세 또는 지방세에 포함하지 않는다.

(2) **종 류**

① **무신고가산세**: 100분의 20(단, 사기나 그 밖의 부정은 100분의 40)

② **과소신고가산세**: 100분이 10(단, 사기나 그 밖의 부정은 100분의 40)

③ **납부지연가산세**: 미납일수×10만분의 22

2 기한 후 신고

(1) **대상자**: 법정신고기한까지 과세표준 신고서를 제출하지 아니한 자

(2) **신고기한**: 과세표준과 세액을 결정하여 통지하기 전까지 신고서를 제출할 수 있다.

(3) **확정력**: 없음. 기한후신고서를 제출하거나 기한후신고서를 제출한 자가 과세표준 수정신고서를 제출한 경우 지방자치단체의 장은 「지방세법」에 따라 신고일부터 3개월 이내에 그 지방세의 과세표준과 세액을 결정 또는 경정하여 신고인에게 통지하여야 한다.

(4) **가산세 감면**: 법정신고기한이 지난 후 6개월 이내에 기한 후 신고를 한 경우 무신고가산세의 일부를 감면받을 수 있다. 다만, 납부지연가산세는 감면되지 아니한다.

3 수정신고

(1) **대상자**: 법정신고기한까지 과세표준 신고서를 제출한 자로서 신고하여야 할 과세표준 및 세액보다 적게 신고한 자

(2) **신고기한**: 과세표준과 세액을 경정하여 통지하기 전까지 신고서를 제출할 수 있다.

(3) **확정력**: 있음

① 과세표준 신고서를 법정신고기한까지 제출한 자의 수정신고는 당초의 신고에 따라 확정된 과세표준과 세액을 증액하여 확정하는 효력을 가진다.

② 수정신고는 당초 신고에 따라 확정된 세액에 관한 권리·의무관계에 영향을 미치지 아니한다.

(4) **가산세 감면**: 법정신고기한이 지난 후 2년 이내에 기한 후 신고를 한 경우 과소신고가산세의 일부를 감면받을 수 있다. 다만, 납부지연가산세는 감면되지 아니한다.

구 분	기한 후 신고	수정신고
	무신고가산세	과소신고가산세
1개월 이내	50% 감면	90% 감면
3개월 이내	30% 감면	75% 감면
6개월 이내	20% 감면	50% 감면
1년 이내	-	30% 감면
1년 6개월 이내	-	20% 감면
2년 이내	-	10% 감면

필수 확인문제

01 **지방세기본법령상 가산세에 관한 내용으로 옳은 것은?**

① 무신고가산세(사기나 그 밖의 부정한 행위로 인하지 않은 경우): 무신고납부세액의 100분의 20에 상당하는 금액
② 무신고가산세(사기나 그 밖의 부정한 행위로 인한 경우): 무신고납부세액의 100분의 50에 상당하는 금액
③ 과소신고가산세(사기나 그 밖의 부정한 행위로 인하지 않은 경우): 무신고납부세액의 100분의 20에 상당하는 금액
④ 과소신고가산세(사기나 그 밖의 부정한 행위로 인한 경우): 무신고납부세액의 100분의 50에 상당하는 금액
⑤ 납부지연가산세: 납부하지 아니한 세액의 100분의 20에 상당하는 금액

02 **지방세기본법령 및 지방세법상 가산세에 관한 설명으로 틀린 것은?**

① 가산세는 해당 의무가 규정된 지방세관계법의 해당 지방세의 세목으로 하며, 지방세를 감면하는 경우에 가산세는 감면대상에 포함시키지 아니한다.
② 「지방세법」 제532조에 따른 무신고가산세 및 제54조에 따른 과소신고가산세는 가산세를 법정신고기한이 경과하는 때에 납세의무가 성립한다.
③ 신고 당시 소유권에 대한 소송으로 상속재산으로 확정되지 아니하여 과소신고한 경우에는 가산세를 부과하지 아니한다.
④ 납세자가 의무를 이행하지 아니한 데에 정당한 사유가 있는 경우에 해당 가산세는 부과되지 아니한다.
⑤ 과세표준신고서를 법정신고기한까지 제출한 자가 법정신고기한이 지난 후 1개월 이내에 수정신고한 경우에는 가산세를 부과하지 아니한다.

03 **지방세기본법령 및 국세기본법령상 부과에 관한 설명으로 옳은 것은?**

① 과세표준신고서를 법정신고기한까지 제출하지 아니한 자가 법정신고기한이 지난 후 1개월 이내에 기한 후 신고한 경우에는 무신고가산세의 100분의 90을 감면한다.
② 수정신고는 관할세무서장이 각 세법에 따라 해당 국세의 과세표준과 세액을 결정 또는 경정하여 통지하기 전으로서 국세부과의 제척기간이 끝나기 전까지 할 수 있다.
③ 수정신고, 기한 후 신고 중 신고납부세목에 대하여 과세표준신고서를 법정신고기한까지 제출하지 아니한 자의 기한 후 신고만 과세표준과 세액을 확정하는 효력을 가진다.
④ 기한 후 신고서를 제출한 자가 과세표준수정신고서를 제출한 경우 관할 세무서장은 신고일부터 2개월 이내에 해당 지방세의 과세표준과 세액을 결정 또는 경정하여 신고인에게 통지하여야 한다.
⑤ 과세표준신고서를 법정기한까지 제출한 자가 하는 국세의 수정신고는 당초의 신고에 따라 확정된 과세표준과 세액을 감액하여 확정하는 효력을 가진다.

Answer 01. ① 02. ⑤ 03. ②

05 | 납세의무 소멸

1 납세의무 소멸사유

① 납부, 충당, 부과의 취소
② 부과할 수 있는 기간 내에 부과되지 아니하고 그 기간이 만료되었을 때
③ 징수금의 소멸시효가 완성되었을 때

2 부과권의 제척기간

(1) **제척기간**

① **납세자가 사기나 그 밖의 부정한 행위로 또는 지방세를 포탈하는 경우**: 10년

부담부증여에 따른 소득세: 15년

② **납세자가 법정신고기한까지 과세표준 신고서를 제출하지 아니한 경우**: 7년

㉠ 상속 또는 증여(부담부증여 포함)를 원인으로 취득하는 경우 취득세: 10년
㉡ 명의신탁약정으로 실권리자가 사실상 취득하는 경우 취득세: 10년
㉢ 부담부증여에 따른 소득세: 15년

③ **①과 ②를 제외한 경우**: 5년

부담부증여에 따른 소득세: 10년

(2) **제척기간의 기산일**

① **신고납부하도록 규정된 국세 또는 지방세**: 신고기한의 다음 날
② **① 외의 국세 또는 지방세**: 납세의무 성립일

3 징수권의 소멸시효

(1) **소멸시효**

① 5년
② 가산세를 제외한 지방세가 5천만원(국세는 5억원) 이상인 경우는 10년

(2) **소멸시효의 기산일**

① **과세표준과 세액의 신고에 의하여 납세의무가 확정되는 경우**: 신고한 세액에 대해서는 그 법정납부기한의 다음 날
② **과세표준과 세액을 정부가 결정, 경정하는 경우**: 납세고지한 세액에 대해서는 그 납세고지에 따른 납부기한의 다음 날

(3) **소멸시효 중단**

① **중단사유**: 납세고지, 독촉 또는 납부최고, 교부청구, 압류
② **중단효과**: 중단된 시효는 중단 기간이 지난 때부터 새로 진행한다.

(4) **소멸시효 정지**

① **정지기간**: 분할납부기간, 연부기간, 징수유예기간, 체납처분유예기간, 소송이 진행 중인 기간, 6개월 이상 국외체류기간
② **정지효과**: 소멸시효는 정지기간에는 진행하지 아니한다.

필수 확인문제

01 국세기본법령상 국세의 부과제척기간에 관한 설명으로 옳은 것은?

① 납세자가 「조세범 처벌법」에 따른 사기나 그 밖의 부정한 행위로 종합소득세를 포탈하는 경우(역외거래 제외) 그 국세를 부과할 수 있는 날부터 15년을 부과제척기간으로 한다.
② 지방국세청장은 「행정소송법」에 따른 소송에 대한 판결이 확정된 경우 그 판결이 확정된 날부터 2년이 지나기 전까지 경정이나 그 밖의 필요한 처분을 할 수 있다.
③ 세무서장은 「감사원법」에 따른 심사청구에 대한 결정에 의하여 명의대여 사실이 확인되는 경우에는 당초의 부과처분을 취소하고 그 결정이 확정된 날부터 1년 이내에 실제 사업을 경영한 자에게 경정이나 그 밖에 필요한 처분을 할 수 있다.
④ 종합부동산세의 경우 부과제척기간의 기산일은 과세표준과 세액에 대한 신고기한의 다음 날이다.
⑤ 납세자가 법정신고기한까지 과세표준신고서를 제출하지 아니한 경우(역외거래 제외)에는 해당 국세를 부과할 수 있는 날부터 10년을 부과제척기간으로 한다.

02 국세기본법령 및 지방세기본법령상 국세 또는 지방세 징수권의 소멸시효에 관한 설명으로 옳은 것은?

① 가산세를 제외한 국세가 10억원인 경우 국세징수권은 5년 동안 행사하지 아니하면 소멸시효가 완성된다.
② 가산세를 제외한 지방세가 1억원인 경우 지방세징수권은 7년 동안 행사하지 아니하면 소멸시효가 완성된다.
③ 가산세를 제외한 지방세가 5천만원인 경우 지방세징수권은 5년 동안 행사하지 아니하면 소멸시효가 완성된다.
④ 납세의무자가 양도소득세를 확정신고하였으나 정부가 경정하는 경우, 국세징수권을 행사할 수 있는 때는 납세의무자가 확정신고한 법정신고납부기한의 다음 날이다.
⑤ 납세의무자가 취득세를 신고하였으나 지방자치단체의 장이 경정하는 경우, 납세고지한 세액에 대한 지방세징수권을 행사할 수 있는 때는 그 납세고지서에 따른 납부기한의 다음 날이다.

03 지방세기본법령 및 국세기본법령상 납세의무에 관한 설명으로 <u>틀린</u> 것은?

① 지방자치단체의 장이 「민법」 제404조에 따른 채권자대위 소송의 제기로 인한 시효정지는 소송이 각하·기각되거나 취하된 경우에는 효력이 없다.
② 납세고지로 중단된 지방세징수권의 시효는 고지한 납부기간이 지난 때부터 새로 진행한다.
③ 국세부과의 제척기간은 시효의 중단과 정지제도가 없지만, 국세징수의 소멸시효는 시효의 중단과 정지제도가 있다.
④ 납세자가 신고하는 소득세의 부과제척기간의 기산일은 과세표준신고기한의 다음 날이고, 소멸시효의 기산일은 그 법정신고납부기한의 다음 날이다.
⑤ 국세징수권의 소멸시효는 세법에 따른 분납기간이 지난 때부터 새로 진행된다.

Answer 01. ③ 02. ⑤ 03. ⑤

06 | 조세채권과 일반채권의 우선관계

1 조세의 우선권

(1) 조세의 우선권 순위

① **1순위**: 매각비용, 체납처분비, 강제징수비

② **2순위**: 소액임차보증금, 최종 3개월 또는 3년 퇴직금

③ **3순위**: 그 재산에 부과된 조세

- **지방세**: 재산세, 지역자원시설세, 재산세에 부가되는 지방교육세, 자동차세
- **국세**: 종합부동산세, 상속세, 증여세

④ **4순위**: 조세의 법정기일 후에 저당권 등이 설정된 경우 해당 조세

⑤ **5순위**: 저당권 등 피담보채권

⑥ **6순위**: 2순위 임금채권 외의 임금채권

⑦ **7순위**: 법정기일 전에 저당권 등이 설정된 경우 해당 조세

⑧ **8순위**: 공과금, 기타 채권

(2) 법정기일

① **과세표준과 세액이 납세의무자의 신고에 의하여 확정되는 조세**: 그 신고일

② **과세표준과 세액을 정부가 결정 또는 경정하는 경우에 고지한 해당 세액**: 납세고지서의 발송일

(3) 그 재산에 부과된 조세

구 분	그 재산에 부과된 조세
취득세, 등록면허세	×
재산세	○
소방분 지역자원시설세	○
자동차 소유에 대한 자동차세	○
취득세에 부가되는 지방교육세	×
등록면허세에 부가되는 지방교육세	×
재산세에 부가되는 지방교육세	○
자동차세에 부가되는 지방교육세	○
양도소득세	×
종합소득세	×
종합부동산세	○
상속세	○
증여세	○

(4) 징수금의 우선순위

① **지방세**: 체납처분비 > 지방세 > 가산세

② **국　세**: 강제징수비 > 국　세 > 가산세

(5) 조세의 우선순위: 담보된 조세 > 압류된 조세 > 교부청구

필수 확인문제

01 **국세기본법령 및 지방세기본법령상 조세와 일반채권의 관계에 관한 설명으로 옳은 것은?**

① 과세표준과 세액의 신고에 따라 납세의무가 확정되는 국세의 경우 신고한 해당 세액의 법정기일은 그 법정 신고납부기한의 다음 날이다.
② 법정기일 전에 전세권이 설정된 재산이 국세의 강제징수 또는 경매 절차 등을 통하여 매각되어 그 매각금액에서 국세를 징수하는 경우, 그 전세권에 의하여 담보된 채권 또는 임대차보증금반환채권은 해당 재산에 대하여 부과된 종합부동산세보다 우선한다.
③ 지방세 체납처분에 의하여 납세자의 재산을 압류한 경우에 국세 및 강제징수비의 교부청구가 있으면 교부청구된 국세 및 강제징수비는 압류에 관계되는 지방세와 같은 순위로 징수한다.
④ 납세담보물을 매각하였을 때에는 그 국세 및 강제징수비는 매각대금 중에서 다른 국세 및 강제징수비와 지방세에 우선하여 징수한다.
⑤ 법정기일 전에 저당권 설정등기 사실이 증명되는 재산을 매각하여 그 매각대금에서 취득세를 징수하는 경우, 저당권에 따라 담보된 채권은 취득세에 우선하지 못한다.

02 **국세기본법령 및 지방세기본법령상 조세채권와 일반채권의 우선관계에 관한 설명으로 틀린 것은?** (단, 납세의무자의 신고는 적법한 것으로 가정함)

① 토지를 양도한 거주자가 양도소득세 과세표준과 세액을 예정신고한 경우 양도소득세의 법정기일은 그 예정신고일이다.
② 취득세의 과세표준과 세액을 지방자치단체가 결정 또는 경정하는 경우에 고지한 해당 취득세의 법정기일은 납세고지서의 발송일이다.
③ 주택의 직전 소유자가 국세의 체납 없이 전세권이 설정된 주택을 양도하였으나, 양도 후 현재 소유자의 소득세가 체납되어 해당 주택의 매각으로 그 매각금액에서 소득세를 강제징수하는 경우 그 소득세는 해당 주택의 전세권담보채권에 우선한다.
④ 강제집행으로 부동산을 매각할 때 그 매각대금 중에 국세를 징수하는 경우, 강제집행비용은 국세에 우선한다.
⑤ 재산의 매각대금 배분시 당해 재산에 부과된 재산세는 당해 재산에 설정된 저당권에 따라 담보된 채권보다 우선한다.

03 **거주자 甲은 A은행의 저당권이 설정된 주택을 거주자 乙에게 양도하였고, 관할 세무서장은 乙이 체납한 소득세와 종합부동산세를 징수하기 위해 주택을 압류하여 8,000만원에 매각하였다. 주택의 매각금액 중 A은행이 회수할 수 있는 금액으로 옳은 것은?**

구 분		금 액	기준일
甲	부가가치세 체납	3,500만원	2024.1.25. (법정기일)
	A은행 대출금	5,000만원	2024.4.4. (저당권설정일)
乙	소득세 체납	4,000만원	2024.3.10. (법정기일)
	종합부동산세 체납	1,150만원	2024.12.15. (법정기일)

① 0원 ② 500만원 ③ 2,850만원
④ 3,350만원 ⑤ 5,000만원

Answer 01. ④ 02. ③ 03. ④

07 | 불복절차

1 청구대상

(1) **불복청구대상**

위법 또는 부당한 처분을 받거나 필요한 처분을 받지 못함으로써 권리나 이익을 침해당한 경우

(2) **불복청구 제외대상**

① 이의신청 또는 심판청구에 대한 처분

② 통고처분, 과태료의 부과

2 청구절차

(1) **청구기간**

① 이의신청을 하려면 그 처분이 있는 것을 안 날부터 90일 이내에 하여야 한다.

② 심판청구를 할 때에는 이의신청에 대한 결정통지를 받은 날부터 90일 이내에 심판청구를 하여야 한다.

(2) **청구방법**

① 이의신청에 대한 결정기간 내에 이의신청에 대한 결정통지를 받지 못한 경우에는 결정통지를 받기 전이라도 그 결정기간이 지난 날부터 심판청구를 할 수 있다.

② 이의신청을 거치지 아니하고 바로 심판청구를 할 수 있다.

③ 심판청구를 거치지 아니하고 행정소송을 제기할 수 없다.

(3) **청구기한의 연장**: 천재지변 등 기한연장사유로 인하여 청구기간에 이의신청 또는 심판청구를 할 수 없을 때에는 그 사유가 소멸한 날부터 14일 이내에 할 수 있다.

(4) **보정요구**: 20일간의 보정기간을 정하여 보정을 요구할 수 있다. 보정기간은 결정기간에 포함하지 아니한다.

3 청구의 효력

이의신청 또는 심판청구는 그 처분의 집행에 효력이 미치지 아니한다. 다만, 압류한 재산에 대해서는 이의신청 또는 심판청구의 결정이 있는 날부터 30일까지 공매처분을 보류할 수 있다.

4 이의신청 등의 대리인

청구금액이 2천만원 미만인 경우에는 그의 배우자, 4촌 이내의 혈족 또는 그의 배우자의 4촌 이내 혈족을 대리인으로 선임할 수 있다.

5 결정 – 신청을 받은 날부터 90일 이내

(1) **적법하지 아니한 때**: 각하

(2) **이유 없다고 인정될 때**: 기각

(3) **이유 있다고 인정될 때**: 필요한 처분의 결정

필수 확인문제

01 「지방세기본법」상 이의신청 또는 심판청구에 관한 설명으로 틀린 것은?

① 이의신청은 처분이 있는 것을 안 날(처분의 통지를 받았을 때에는 그 통지를 받은 날)부터 90일 이내에 하여야 한다.
② 이의신청을 거친 후에 심판청구를 할 때에는 이의신청에 대한 결정통지를 받은 날부터 90일 이내에 심판청구를 하여야 한다.
③ 이의신청에 대한 결정기간 내에 이의신청에 대한 결정통지를 받지 못한 경우에는 결정통지를 받기 전이라도 그 결정기간이 지난 날부터 심판청구를 할 수 있다.
④ 이의신청 또는 심판청구는 그 처분의 집행에 효력을 미치지 아니한다. 다만, 압류한 재산에 대하여 이의신청, 심판청구의 결정처분이 있는 날부터 60일까지 공매처분을 보류할 수 있다.
⑤ 이의신청인이 재해 등을 입어 이의신청기간 내에 이의신청을 할 수 없을 때에는 그 사유가 소멸한 날부터 14일 이내에 이의신청을 할 수 있다.

02 「지방세기본법」상 이의신청 또는 심판청구에 관한 설명으로 틀린 것은?

① 「지방세기본법」에 따른 과태료의 부과처분을 받은 자는 이의신청 또는 심판청구를 할 수 없다.
② 이의신청을 받은 지방자치단체의 장은 그 신청의 서식 또는 절차에 결함이 있는 경우에는 20일간의 보정기간을 정하여 문서로 그 결함의 보정을 요구할 수 있다.
③ 이의신청인은 신청금액이 2천만원 미만인 경우에는 그의 배우자, 4촌 이내의 혈족 또는 그의 배우자의 4촌 이내 혈족을 대리인으로 선임할 수 있다.
④ 지방세에 관한 불복시 불복청구인은 심판청구를 거치지 아니하고도 행정소송을 제기할 수 있다.
⑤ 심사청구가 이유 없다고 인정될 때에는 청구를 기각하는 결정을 한다.

03 「지방세기본법」상 이의신청과 심판청구에 관한 설명으로 옳은 것을 모두 고른 것은?

> ㉠ 통고처분은 이의신청 또는 심판청구의 대상이 되는 처분에 포함한다.
> ㉡ 동일한 처분에 대하여 이의신청과 심판청구를 중복하여 제기할 수 없다.
> ㉢ 보정기간은 결정기간에 포함하지 아니한다.
> ㉣ 이의신청을 거치지 아니하고 바로 심판청구를 할 수는 없다.

① ㉠ ② ㉡ ③ ㉠, ㉣
④ ㉡, ㉢ ⑤ ㉢, ㉣

Answer 01. ④ 02. ④ 03. ④

08 | 서류송달

1 송달방법

(1) **교부송달**

① 송달할 장소에서 그 송달을 받아야 할 자에게 교부한다.

② 송달을 받아야 할 자가 송달받기를 거부하지 아니하면 다른 장소에서 교부할 수 있다.

③ 송달을 받아야 할 자를 만나지 못하였을 때에는 그의 사용인 등 사리를 분별할 수 있는 사람에게 서류를 송달할 수 있다.

④ 정당한 사유없이 서류의 수령을 거부하면 송달할 장소에 서류를 둘 수 있다(유치송달).

(2) **우편송달**: 일반우편 또는 등기우편으로 할 수 있다.

(3) **전자송달**: 서류의 송달을 받아야 할 자가 신청한 경우에만 한다.

(4) **공시송달**: 다음의 사유에 해당하는 경우에는 정보통신망이나 게시판에 게시하거나 관보·공보 또는 일간신문에 게재한다.

① 주소 또는 영업소가 국외에 있고 송달하기 곤란한 경우

② 주소 또는 영업소가 분명하지 아니한 경우

③ 교부 또는 우편송달하였으나 받을 사람이 없는 것으로 확인되어 납부기한 내에 송달하기가 곤란하다고 인정되는 경우

2 서류의 송달

(1) 연대납세의무자에게 서류를 송달할 때에는 그 대표자를 명의인으로 한다. 다만, 납세의 고지와 독촉에 관한 서류는 연대납세의무자 모두에게 각각 송달하여야 한다.

(2) 납세관리인이 있을 때에는 납세의 고지와 독촉에 관한 서류는 그 납세관리인의 주소 또는 영업소에 송달한다.

3 송달 효력 발생시기

(1) **교부송달·우편송달**: 도달하는 때

(2) **전자송달**: 입력된 때

(3) **공시송달**: 공고한 날부터 14일이 지난 날

4 송달지연으로 인한 납부기한의 연장

다음 어느 하나에 해당하면 납부기한은 해당 서류가 도달한 날부터 14일이 지난 날로 한다.

(1) 서류가 도달한 날부터 7일 이내에 납부기한이 되는 경우

(2) 서류가 납부기한이 지난 후에 도달한 경우

필수 확인문제

01 「지방세기본법」상 서류의 송달에 관한 설명으로 틀린 것은?

① 연대납세의무자에게 납세의 고지에 관한 서류를 송달할 때에는 연대납세의무자 모두에게 각각 송달하여야 한다.
② 기한을 정하여 납세고지서를 송달하였더라도 서류가 도달한 날부터 10일이 되는 날에 납부기한이 되는 경우 지방자치단체의 징수금의 납부기한은 해당 서류가 도달한 날부터 14일이 지난 날로 한다.
③ 납세관리인이 있을 때에는 납세의 고지와 독촉에 관한 서류는 그 납세관리인의 주소 또는 영업소에 송달한다.
④ 교부에 의한 서류송달의 경우에 송달할 장소에서 서류를 송달받아야 할 자를 만나지 못하였을 때에는 그의 사용인으로서 사리를 분별할 수 있는 사람에게 서류를 송달할 수 있다.
⑤ 서류송달을 받아야 할 자의 주소 또는 영업소가 분명하지 아니한 경우에는 서류의 주요 내용을 공고한 날부터 14일이 지나면 서류의 송달이 된 것으로 본다.

02 지방세기본법령상 서류의 송달에 관한 설명으로 옳은 것은?

① 납세자가 과세표준신고서를 국세정보통신망을 이용하여 제출하는 경우에는 해당 신고서가 국세청장에게 전송된 때에 신고된 것으로 보고, 과세관청이 송달서류를 국세정보통신만에 저장하여 전자송달하는 경우에는 납세자가 해당 서류를 확인한 때 송달한 것으로 본다.
② 납세의 고지와 독촉에 관한 서류를 연대납세의무자에게 송달할 때에는 그 대표자를 명의인으로 하며, 대표자가 없을 때에는 연대납세의무자 중 지방세를 징수하기에 유리한 자를 명의인으로 한다.
③ 서류를 송달받아야 할 자 또는 그 사용인이나 그 밖의 종업원 또는 동거인으로서 사리를 판별할 수 있는 사람이 정당한 사유 없이 서류 수령을 거부할 때에는 공시송달의 방법에 의한다.
④ 송달받아야 할 사람이 교정시설 또는 국가경찰관서의 유치장에 체포·구속 또는 유치(留置)된 사실이 확인된 경우에는 공시송달의 방법에 의한다.
⑤ 납세자가 과세표준신고서를 우편으로 제출하는 경우로 우편날짜도장이 찍힌 경우 우편날짜도장이 찍힌 날에 신고된 것으로 보고, 과세관청이 납부고지서를 우편송달하는 경우 송달받아야 할 자에게 도달하는 때부터 송달의 효력이 발생한다.

Answer 01. ② 02. ⑤

CHAPTER

02

취득세

01 | 과세대상 및 취득의 범위

01 과세대상(열거주의)

(1) **과세대상물**: 토지, 건축물, 선박, 항공기, 기계장비, 차량, 입목, 양식업권, 광업권, 어업권, 회원권
① 부동산, 차량, 기계장비 또는 항공기는 특별한 규정이 있는 경우를 제외하고는 해당 물건을 취득하였을 때의 사실상 현황에 따라 부과한다.
② 다만, 취득하였을 때의 사실상 현황이 분명하지 아니한 경우에는 공부(公簿)상의 등재 현황에 따라 부과한다.

02 취득의 범위

1. 사실상 취득: 원시취득, 승계취득 또는 유상·무상의 모든 취득을 말한다.

2. 간주(의제) 취득
① 건축(신축과 재축은 제외)
② 개수로 인한 취득
③ 토지의 지목을 사실상 변경함으로써 그 가액이 증가한 경우
④ 차량, 기계장비, 선박의 종류를 변경함으로써 그 가액이 증가한 경우
⑤ 과점주주가 된 경우(단, 법인설립 시는 제외)

03 취득의 유형

1. 배우자 또는 직계존비속 간 취득
(1) **원칙**: 증여취득으로 본다.
(2) **예외**: 다음의 경우에는 유상취득으로 본다.
① 대가를 지급한 사실이 증명되는 경우
② 경매, 공매, 파산선고로 인하여 처분되는 부동산등을 취득하는 경우
③ 권리의 이전이나 행사에 등기 또는 등록이 필요한 부동산등을 서로 교환한 경우

2. 부담부증여
(1) **채무액에 해당하는 부분**: 유상취득

> **배우자 또는 직계존비속 간 거래**
> 1. 원칙: 증여취득
> 2. 대가입증: 유상취득

(2) **채무 외의 부분**: 증여취득

3. 상속개시 후 재분할
(1) 상속개시 후 상속재산에 대하여 각 상속인의 상속분이 확정되어 등기 등이 된 후, 그 상속재산에 대하여 공동상속인이 협의하여 재분할한 결과 특정 상속인이 당초 상속분을 초과하여 취득하게 되는 재산가액은 상속분이 감소한 상속인으로부터 증여받아 취득한 것으로 본다.
(2) 다만, 다음 어느 하나에 해당하는 경우에는 취득으로 보지 아니한다.
① 법정신고기한 내에 재분할에 의한 취득과 등기를 모두 마친 경우
② 상속회복청구의 소에 의한 법원의 확정판결에 의하여 상속인 및 재산에 변동이 있는 경우
③ 채권자대위권의 행사에 의하여 공동상속인들의 법정상속분대로 등기 등이 된 상속재산을 상속인 사이의 협의분할에 의하여 재분할하는 경우

필수 확인문제

01 지방세법령상 취득세가 과세될 수 있는 것으로 틀린 것은?

① 토지를 사실상 취득하였지만 등기하지 않은 경우
② 개수로 인한 취득으로서 건축물 면적이 증가하지 않은 경우
③ 토지의 지목을 사실상 변경함으로써 그 가액이 증가하지 않은 경우
④ 건축물의 이전으로 인한 취득으로서 이전한 건축물 가액이 종전 건축물 가액을 초과하지 않는 경우
⑤ 「민법」상 이혼을 원인으로 하는 재산분할로 부동산을 취득하는 경우

02 지방세법령상 취득세가 과세되는 경우가 아닌 것은?

① 파산선고로 인하여 처분되는 부동산을 취득한 경우
② 「민법」에 다른 채권자대위권의 행사에 의하여 공동상속인들의 법정상속분대로 등기 등이 된 상속재산을 상속인 사이의 협의분할에 의하여 재산분할하는 경우의 취득
③ 형제 간에 부동산을 상호교환한 경우
④ 직계존속으로부터 거주하는 주택을 증여받은 경우
⑤ 차량, 기계장비, 항공기 및 주문을 받아 건조하는 선박을 승계취득한 경우

03 「지방세법」상 취득세에 관한 설명으로 옳은 것은?

① 토지의 지목을 사실상 변경함으로써 그 가액이 증가한 경우에는 취득으로 보지 아니한다.
② 상속회복청구의 소에 의한 법원의 확정판결에 의하여 특정 상속인이 당초 상속분을 초과하여 취득하게 되는 재산가액은 상속분이 감소한 상속인으로부터 증여받아 취득한 것으로 본다.
③ 권리의 이전이나 행사에 등기 또는 등록이 필요한 부동산을 직계존속과 서로 교환한 경우에는 무상으로 취득한 것으로 본다.
④ 법인설립 시에 발행하는 주식을 취득함으로써 「지방세기본법」에 따른 과점주주가 되었을 때에는 그 과점주주가 해당 법인의 부동산등을 취득한 것으로 본다.
⑤ 증여자가 배우자 또는 직계존비속이 아닌 경우 증여자의 채무를 인수하는 부담부증여의 경우에는 그 채무액에 상당하는 부분은 부동산등을 유상으로 취득한 것으로 본다.

04 지방세법령상 부동산의 유상취득으로 보지 않는 것은?

① 공매를 통하여 배우자의 부동산을 취득한 경우
② 파산선고로 인하여 처분되는 직계비속의 부동산을 취득한 경우
③ 배우자의 부동산을 취득한 경우로서 그 취득대가를 지급한 사실을 증명한 경우
④ 권리의 이전이나 행사에 등기가 필요한 부동산을 직계존속과 서로 교환한 경우
⑤ 증여자의 채무를 인수하는 부담부증여로 취득한 경우로서 그 채무액에 상당하는 부분을 제외한 나머지 부분의 경우

Answer 01. ③ 02. ② 03. ⑤ 04. ⑤

02 | 납세의무자 등

1 부동산 등의 취득은 「민법」 등 관계 법령에 따른 등기·등록 등을 하지 아니한 경우라도 사실상 취득하면 각각 취득한 것으로 보고 해당 취득물건의 소유자 또는 양수인을 각각 취득자로 한다. 다만, 차량, 기계장비, 항공기 및 주문을 받아 건조하는 선박은 승계취득인 경우에만 취득으로 본다.

2 상속(피상속인이 상속인에게 한 유증 및 포괄유증과 신탁재산의 상속을 포함한다)으로 인하여 취득하는 경우에는 상속인 각자가 상속받는 취득물건(지분을 취득하는 경우에는 그 지분에 해당하는 취득물건을 말한다)을 취득한 것으로 본다.

3 주택조합 등이 해당 조합원용으로 취득하는 조합주택용 부동산은 그 조합원이 취득한 것으로 본다. 다만, 조합원에게 귀속되지 아니하는 부동산(비조합원용 부동산)은 제외한다.

4 「여신전문금융업법」에 따른 시설대여업자가 건설기계나 차량의 시설대여를 하는 경우에는 대여시설이용자의 명의로 등록하는 경우라도 그 건설기계나 차량은 시설대여업자가 취득한 것으로 본다.

5 외국인 소유의 차량 등을 직접 사용하거나 국내의 대여시설 이용자에게 대여하기 위하여 소유권을 이전받는 조건으로 임차하여 수입하는 경우에는 수입하는 자가 취득한 것으로 본다.

6 기계장비나 차량을 기계장비대여업체 또는 운수업체의 명의로 등록하는 경우라도 해당 기계장비나 차량의 구매계약서 등에 비추어 기계장비나 차량의 취득대금을 지급한 자가 따로 있음이 입증되는 경우 그 기계장비나 차량을 취득대금을 지급한 자가 취득한 것으로 본다.

7 건축물 중 조작(造作) 설비, 그 밖의 부대설비에 속하는 부분으로서 그 주체구조부(主體構造部)와 하나가 되어 건축물로서의 효용가치를 이루고 있는 것에 대하여는 주체구조부 취득자 외의 자가 가설(加設)한 경우에도 주체구조부의 취득자가 함께 취득한 것으로 본다.

8 「도시개발법」에 따른 도시개발사업(환지방식만 해당한다)의 시행으로 토지의 지목이 사실상 변경된 때에는 그 환지계획에 따라 공급되는 환지는 조합원이, 체비지 또는 보류지는 사업시행자가 각각 취득한 것으로 본다.

9 「도시개발법」에 따른 도시개발사업과 「도시 및 주거환경정비법」에 따른 정비사업의 시행으로 해당 사업의 대상이 되는 부동산의 소유자가 환지계획 또는 관리처분계획에 따라 공급받거나 토지상환채권으로 상환받는 건축물은 그 소유자가 원시취득한 것으로 보며, 토지(당초 소유한 토지 면적을 초과하는 경우로서 그 초과한 면적에 해당하는 부분에 한정한다)의 경우에는 그 소유자가 승계취득한 것으로 본다.

10 「신탁법」 제10조에 따라 신탁재산의 위탁자 지위의 이전이 있는 경우에는 새로운 위탁자가 해당 신탁재산을 취득한 것으로 본다. 다만, 위탁자 지위의 이전에도 불구하고 신탁재산에 대한 실질적인 소유권 변동이 있다고 보기 어려운 경우로서 대통령령으로 정하는 경우에는 그러하지 아니하다.

필수 확인문제

01 「지방세법」상 취득세의 납세의무에 관한 설명으로 틀린 것은?

① 부동산의 취득은 「민법」 등 관계 법령에 따른 등기를 하지 아니한 경우라도 사실상 취득하면 취득한 것으로 본다.
② 「주택법」에 따른 주택조합이 해당 조합원용으로 취득하는 조합주택용 부동산(조합원에게 귀속되지 아니하는 부동산은 제외)은 그 조합원이 취득한 것으로 본다.
③ 상속으로 인하여 단독주택을 상속인이 공동으로 취득하는 경우에는 상속인 각자가 상속받는 취득물건을 취득한 것으로 보고, 공동상속인이 그 취득세를 연대하여 납부할 의무를 진다.
④ 「도시개발법」에 따른 도시개발사업의 시행으로 해당 사업의 대상이 되는 부동산의 소유자가 환지계획에 따라 공급받는 건축물은 그 소유자가 승계취득한 것으로 본다.
⑤ 외국인 소유의 차량을 국내의 대여시설이용자에게 대여하기 위하여 소유권을 이전받는 조건으로 임차하여 수입하는 경우에는 수입하는 자가 취득한 것으로 본다.

02 「지방세법」상 취득세의 납세의무에 관한 설명으로 틀린 것은?

① 「민법」 등 관계 법령에 따른 등기를 하지 아니한 부동산의 취득은 사실상 취득하더라도 취득한 것으로 볼 수 없다.
② 토지의 지목을 사실상 변경함으로써 그 가액이 증가한 경우에는 취득으로 본다.
③ 「도시 및 주거환경정비법」에 따른 정비사업의 시행으로 해당 사업의 대상이 되는 부동산의 소유자가 관리처분계획에 따라 공급받거나 토지상환채권으로 상환받는 토지(당초 소유한 토지 면적을 초과한 부분으로 한정함)는 그 소유자가 승계취득한 것으로 본다.
④ 차량, 기계장비, 항공기 및 주문을 받아 건조하는 선박은 승계취득인 경우에만 취득으로 본다.
⑤ 「여신전문금융업법」에 따른 시설대여업자가 건설기계나 차량의 시설대여를 하는 경우로서 대여시설이용자의 명이로 등록하는 경우 그 건설기계나 차량은 시설대여업자가 취득한 것으로 본다.

03 「지방세법」상 취득세의 납세의무에 관한 설명으로 틀린 것은?

① 건축물 중 조작 설비에 속하는 부분으로서 그 주체구조부와 하나가 되어 건축물로서의 효용가치를 이루고 있는 것에 대하여는 주체구조부 취득자 외의 자가 가설한 경우에도 주체구조부의 취득자가 함께 취득한 것으로 본다.
② 「도시개발법」에 따른 환지방식에 의한 도시개발사업의 시행으로 토지의 지목이 사실상 변경됨으로써 그 가액이 증가한 경우에는 그 환지계획에 따라 공급되는 환지는 사업시행자가, 체비지 또는 보류지는 조합원이 각각 취득한 것으로 본다.
③ 경매를 통하여 배우자의 부동산을 취득하는 경우에는 유상으로 취득한 것으로 본다.
④ 형제자매인 증여자의 채무를 인수하는 부동산의 부담부증여의 경우에는 그 채무액에 상당하는 부분은 부동산을 유상으로 취득하는 것으로 본다.
⑤ 부동산의 승계취득은 「민법」 등 관계 법령에 따른 등기를 하지 아니한 경우라도 사실상 취득하면 취득한 것으로 보고 그 부동산의 양수인을 취득자로 한다.

Answer 01. ④ 02. ① 03. ②

03 | 과점주주

1 과점주주에 대한 간주취득

(1) **과점주주**: 법인의 주주 또는 사원 1인과 그와 특수관계인의 소유주식금액의 합계액이 해당 법인의 발생주식 총액 또는 출자 총액의 100분의 50을 초과하는 자

(2) 법인설립 시에 발행하는 주식 또는 지분을 취득함으로써 과점주주가 된 경우에는 취득으로 보지 아니한다.

(3) 과점주주 집단 내부의 주식거래가 발생하여 과점주주가 소유한 총주식의 비율에 변동이 없다면 과점주주 간주취득세의 납세의무는 없다.

(4) **과세표준과 세율**

① **과세표준**: 과점주주가 된 날 현재 법인의 부동산 등 가액 × 지분율

② **세율**: 중과기준세율

(4) **과세 지분율**

① **최초로 과점주주가 된 경우**: 모두 취득한 것으로 본다.

② **이미 과점주주가 된 경우**: 이전 최고지분보다 증가된 경우 그 증가된 분을 취득으로 본다.

③ **과점주주이었으나 양도 등으로 과점주주가 아니었다가 취득 등으로 다시 과점주주가 된 경우**: 이전 최고지분율보다 증가된 경우 그 증가분만을 취득으로 본다.

필수 확인문제

01 **「지방세법」상 과점주주의 간주취득세가 과세되는 경우가 아닌 것은 모두 몇 개인가?**

> ㉠ 법인설립 시에 발행하는 주식을 취득함으로써 과점주주가 되는 경우
> ㉡ 과점주주가 아닌 주주가 다른 주주로부터 주식을 취득함으로써 최초로 과점주주가 된 경우
> ㉢ 이미 과점주주가 된 주주가 해당 법인의 주식을 취득하여 해당 법인의 주식의 총액에 대한 과점주주가 가진 주식의 비율이 증가된 경우
> ㉣ 과점주주 집단 내부에서 주식이 이전되었으나 과점주주 집단이 소유한 총주식의 비율에 변동이 없는 경우

① 0개　② 1개　③ 2개
④ 3개　⑤ 4개

02 **「지방세법」상 과점주주의 간주취득세에 관한 설명으로 옳지 않은 것은?**

① '과점주주'란 주주 또는 유한책임사원 1명과 그의 특수관계인 중 대통령령으로 정하는 자로서 그들의 소유주식의 합계 또는 출자액의 합계가 해당 법인의 발행주식 총수 또는 출자총액의 100분의 50을 초과하면서 그에 관한 권리를 실질적으로 행사하는 자들을 말한다.
② 법인의 과점주주가 아닌 주주가 다른 주주의 주식을 취득하거나 증자 등으로 최초로 과점주주가 된 경우에는 그 최초로 과점주주가 된 날 현재 해당 과점주주가 소유하고 있는 법인의 주식을 모두 취득한 것으로 보아 취득세를 부과한다.
③ 법인설립 시에 발행하는 주식 또는 지분을 취득함으로써 과점주주가 된 때에는 해당 법인의 부동산등을 취득한 것으로 보지 아니한다.
④ 이미 과점주주가 된 주주가 해당 법인의 주식을 취득하여 과점주주의 주식비율이 증가된 경우 증가된 후의 주식비율이 해당 과점주주가 이전에 가지고 있던 주식의 최고비율보다 증가되지 아니한 경우에도 취득세를 부과한다.
⑤ 과점주주 집단 내부에서 주식이 이전되었으나 과점주주 집단이 소유한 총주식의 비율에 변동이 없는 경우에는 취득세를 부과하지 아니한다.

03 **甲이 비상장법인 (주)A의 의결권 있는 주식의 취득 및 양도 행위를 반복하여 (주)A의 주식 총액에 대한 甲이 가진 주식의 비율이 다음과 같이 변동되었다. 甲이 75%를 보유하게 된 시점에 취득세의 부과범위는?** (단, 甲은 「지방세법」에 따른 과점주주의 취득세 과세요건을 충족하고, 주식의 비율 변동과 관련된 체납세액이 없으며, 지방세특례는 고려하지 않는다)

변동순서	구 분	(주)A의 주식 총액에 대한 甲이 가진 주식의 비율
1	(주)A 설립 시 취득 51%	51%
2	추가 취득 9%	60%
3	일부 양도 20%	40%
4	추가 취득 35%	75%

① 주식의 비율 15 % 증가분
② 주식의 비율 24 % 증가분
③ 주식의 비율 35 % 증가분
④ 주식의 비율 55 % 증가분
⑤ 주식의 비율 75 % 증가분

Answer　01. ③　02. ④　03. ①

04 | 취득시기

1 유상승계취득

(1) **일반적인 경우**(매매 등)

① 사실상의 잔금지급일과 등기일 또는 등록일 중 빠른 날

② **①을 확인할 수 없는 경우**: 계약상의 잔금지급일과 등기일 또는 등록일 중 빠른 날

③ **①을 확인할 수 없고 ②가 명시되지 아니한 경우**: 계약일부터 60일이 경과한 날과 등기일 또는 등록일 중 빠른 날

(2) **연부취득**: 사실상 연부금 지급일과 등기일 또는 등록일 중 빠른 날

> 유상승계취득으로서 해당 취득물건을 등기·등록하지 않고 취득일부터 60일 이내에 계약이 해제된 사실이 입증되는 경우에는 취득으로 보지 아니한다.

2 무상승계취득

(1) **일반적인 경우**(증여 등): 계약일과 등기일 또는 등록일 중 빠른 날

> 무상승계취득으로서 해당 취득물건을 등기·등록하지 않고 취득일이 속하는 달의 말일부터 3개월 이내에 계약이 해제된 사실이 입증되는 경우에는 취득으로 보지 아니한다.

(2) **상속**: 상속개시일

3 재산분할 및 점유취득

(1) **「민법」 제839조의2 및 제843조에 따른 재산분할로 인한 취득**: 등기일 또는 등록일

(2) **「민법」 제245조 및 제247조에 따른 점유로 인한 취득**: 등기일 또는 등록일

4 토지의 매립·간척

(1) 공사준공인가일

(2) **공사준공인가 전에 사용승낙·허가를 받거나 사실상 사용한 경우**: 사용승낙일, 허가일 또는 사실상 사용일 중 빠른 날

5 건축 또는 개수

(1) 사용승인서를 내주는 날과 사실상의 사용일 중 빠른 날

(2) **사용승인서를 내주기 전에 임시사용승인을 받은 경우**: 임시사용승인일과 사실상의 사용일 중 빠른 날

(3) **사용승인서 또는 임시사용승인을 받을 수 없는 경우**: 사실상 사용이 가능한 날과 사실상의 사용일 중 빠른 날

6 조합원에게 귀속되지 아니하는 토지

(1) **「주택법」에 따른 주택조합**: 사용검사를 받은 날

(2) **「도시 및 주거환경정비법」에 따른 재건축조합**: 소유권이전고시일의 다음 날

7 지목변경 또는 종류변경

(1) **토지의 지목변경**

① 토지의 지목이 사실상 변경된 날과 공부상 변경된 날 중 빠른 날

② 다만, 토지의 지목변경일 이전에 사용하는 부분에 대해서는 그 사실상의 사용일

(2) **차량 등 종류변경**: 사실상 변경된 날과 공부상 변경된 날 중 빠른 날

필수 확인문제

01 **「지방세법」상 취득의 시기 등에 관한 설명으로 옳은 것은?**

① 부동산을 연부로 취득하는 것은 등기일에 관계없이 그 사실상의 최종 연부금 지급일을 취득일로 본다.

② 관계 법령에 따라 매립으로 토지를 원시취득하는 경우에는 그 취득물건의 등기일을 취득일로 본다.

③ 「주택법」 제111조에 따른 주택조합이 주택건설사업을 하면서 조합원으로부터 취득하는 토지 중 조합원에게 귀속되지 아니하는 토지를 취득하는 경우에는 「주택법」 제49조에 따른 사용검사를 받은 날에 그 토지를 취득한 것으로 본다.

④ 「도시 및 주거환경정비법」 제35조 제3항에 따른 주택재건축조합이 주택재건축사업을 하면서 조합원으로부터 취득하는 토지 중 조합원에게 귀속되지 아니하는 토지를 취득하는 경우에는 「도시 및 주거환경정비법」 제86조 제2항에 따른 소유권 이전고시일에 그 토지를 취득한 것으로 본다.

⑤ 토지의 지목변경에 따른 취득은 토지의 지목이 사실상 변경된 날을 취득일로 본다.

02 **「지방세법」상 취득의 시기에 관한 설명으로 틀린 것은?**

① 상속으로 인한 취득의 경우: 상속개시일

② 공매방법에 의한 취득의 경우: 그 사실상의 잔금지급일과 등기일 또는 등록일 중 빠른 날

③ 건축물(주택 아님)을 건축하여 취득하는 경우로서 사용승인서를 내주기 전에 임시사용승인을 받은 경우: 그 임시사용승인일과 사실상의 사용일 중 빠른 날

④ 「민법」 제245조에 따른 점유로 인한 취득의 경우: 취득물건의 등기일 또는 등록일

⑤ 토지의 지목변경에 따른 취득은 지목변경일 이전에 그 사용여부와 관계없이 사실상 변경된 날과 공부상 변경된 날 중 빠른 날을 취득일로 본다.

03 **지방세기본법령 및 지방세법령상 취득세 납세의무의 성립에 관한 설명으로 틀린 것은?**

① 상속으로 인한 취득의 경우에는 상속개시일이 납세의무의 성립시기이다.

② 부동산의 증여계약으로 인한 취득에 있어서 소유권이전등기를 하지 않고 계약일이 속하는 달의 말일부터 3개월 이내에 공증받은 공정증서로 계약이 해제된 사실이 입증되는 경우에는 취득한 것으로 보지 않는다.

③ 유상승계취득의 경우 신고인이 제출한 자료로 사실상의 잔금지급일을 확인할 수 있는 때에는 사실상의 잔금지급일과 등기일 또는 등록일 중 빠른 날이 납세의무의 성립시기이다.

④ 「민법」에 따른 이혼시 재산분할로 인한 부동산 취득의 경우에는 취득물건의 등기일이 납세의무의 성립시기이다.

⑤ 「도시 및 주거환경정비법」에 따른 재건축조합이 재건축사업을 하면서 조합원으로부터 취득하는 토지 중 조합원에게 귀속되지 아니하는 토지를 취득하는 경우에는 같은 법에 따른 준공인가 고시일의 다음 날이 납세의무의 성립시기이다.

Answer 01. ③ 02. ⑤ 03. ⑤

05 | 과세표준

1 과세표준의 기준

(1) **취득 당시의 가액**

(2) **연부취득**: 연부금액(매회 사실상 지급되는 금액을 말하며, 계약보증금을 포함한다)

2 취득의 유형별 취득 당시 가액

1. 유상승계취득

(1) **일반적인 경우**(매매 등): 사실상 취득가격

(2) **대물변제**: 대물변제액(대물변제액 외에 추가로 지급한 금액이 있는 경우에는 그 금액을 포함한다)과 시가인정액 중 큰 금액

(3) **양도담보**: 양도담보에 따른 채무액(채무액 외에 추가로 지급한 금액이 있는 경우 그 금액을 포함한다)과 시가인정액 중 큰 금액

(4) **교환**: 교환을 원인으로 이전받는 부동산등의 시가인정액과 이전하는 부동산등의 시가인정액(상대방에게 추가로 지급하는 금액과 상대방으로부터 승계받는 채무액이 있는 경우 그 금액을 더하고, 상대방으로부터 추가로 지급받는 금액과 상대방에게 승계하는 채무액이 있는 경우 그 금액을 차감한다) 중 높은 금액

(5) **부당행위계산**: 시가인정액

> **부당행위계산**
> 특수관계인으로부터 시가인정액보다 낮은 가격으로 부동산을 취득한 경우로서 시가인정액과 사실상 취득가격의 차액이 3억원 이상이거나 시가인정액의 100분의 5에 상당하는 금액 이상인 경우로 한다.

2. 무상승계취득

(1) **일반적인 경우**(증여 등)

① 시가인정액. 다만, 시가인정액을 산정하기 어려운 경우에는 시가표준액

② **취득물건에 대한 시가표준액이 1억원 이하인 경우**: 시가인정액과 시가표준액 중 납세자가 정하는 가액

(2) **상속**: 시가표준액

3. 원시취득(개수 포함)

(1) 사실상 취득가격

(2) **법인이 아닌 자가 건축물을 건축하여 취득하는 경우로서 사실상 취득가격을 확인할 수 없는 경우**: 시가표준액

4. 토지의 지목을 사실상 변경한 경우

(1) 그 변경으로 증가한 가액에 해당하는 사실상 취득가격

(2) **법인이 아닌 자가 토지의 지목을 사실상 변경한 경우로서 그 사실상 취득가격을 확인할 수 없는 경우**: 지목변경 후 시가표준액에서 지목변경 전의 시가표준액을 뺀 가액

5. 부동산 등의 일괄취득

부동산등을 한꺼번에 취득하여 각 과세물건의 취득 당시의 가액이 구분되지 않는 경우에는 한꺼번에 취득한 가격을 각 과세물건별 시가표준액 비율로 나눈 금액을 각각의 취득 당시의 가액으로 한다.

필수 확인문제

01 지방세법령상 취득세의 취득당시가액에 관한 설명으로 옳은 것은? (단, 주어진 조건 외에는 고려하지 않음)

① 건축물을 교환으로 취득하는 경우에는 교환으로 이전받는 건축물의 시가표준액과 이전하는 건축물의 시가표준액 중 낮은 가액을 취득당시가액으로 한다.

② 상속에 따른 건축물 무상취득의 경우에는 「지방세법」 제4조에 따른 시가표준액을 취득당시가액으로 한다.

③ 대물변제에 따른 건축물 취득의 경우에는 대물변제액(대물변제액 외에 추가로 지급한 금액이 있는 경우에는 그 금액을 제외한다)을 취득당시가액으로 한다.

④ 법인이 아닌 자가 건축물을 건축하여 취득하는 경우로서 사실상취득가격을 확인할 수 없는 경우에는 시가인정액을 취득당시가액으로 한다.

⑤ 토지의 지목을 사실상 변경한 경우에는 지목변경 이후의 토지에 대한 시가표준액을 취득당시가액으로 한다.

02 지방세법령상 취득세의 과세표준에 관한 설명으로 옳은 것은?

① 법인이 아닌 자가 토지의 지목을 사실상 변경한 경우에는 토지의 지목이 사실상 변경된 때를 기준으로 지목변경 이후의 토지에 대한 시가표준액에서 지목변경 전의 토지에 대한 시가표준액을 뺀 가액으로 한다.

② 지방자치단체의 장은 특수관계인으로부터 시가표준액보다 낮은 가격으로 부동산을 취득(매매)하는 경우 시가표준액을 과세표준으로 결정할 수 있다. 단, 시가표준액과 사실상 취득가격의 차액은 3억원이다.

③ 양도담보의 경우 양도담보에 따른 채무액(채무액 외에 추가로 지급하는 금액이 있는 경우에는 그 금액을 포함한다)을 취득당시가액으로 한다. 다만, 그 채무액이 시가인정액보다 적은 경우에는 시가인정액으로 한다.

④ 시가표준액이 1억원 이하인 부동산을 증여로 취득하는 경우에는 시가인정액과 시가표준액 중에서 높은 가액으로 한다.

⑤ 부동산을 교환으로 취득하는 경우 이전받는 부동산의 시가인정액을 과세표준으로 한다.

03 지방세법령상 취득세에 관한 설명으로 옳은 것은?

① 연부로 취득하는 경우 취득세의 과세표준은 연부금액(매회 사실상 지급되는 금액을 말하며, 취득금액에 포함되는 계약보증금을 포함한다)으로 한다.

② 시가표준액이 1억원을 초과하는 건축물을 증여로 취득하는 경우에는 시가인정액을 취득당시가액으로 한다. 다만, 시가인정액이 시가표준액보다 적은 경우에는 시가표준액으로 한다.

③ 법인이 아닌 자가 건축물을 개수하는 경우로서 사실상취득가격을 확인할 수 없는 경우에는 시가인정액을 취득당시가액으로 한다.

④ 건축물을 교환으로 취득하는 경우에는 교환으로 이전받는 건축물의 시가인정액과 이전하는 건축물의 시가인정액(상대방으로부터 추가로 지급받은 금액이 있는 경우 그 금액을 더한다) 중 높은 가액을 취득당시 가액으로 한다.

⑤ 시가인정액이 평가기간(취득일 전 3개월부터 취득일 후 6개월 이내의 기간을 말한다) 내에 둘 이상인 경우에는 취득일 전후로 가장 가까운 날의 가액(그 가액이 둘 이상인 경우에는 평균액을 말한다)을 적용한다.

Answer 01. ② 02. ③ 03. ①

MEMO

06 | 사실상 취득가격 등

1 사실상 취득가격

취득시기 이전에 해당 물건을 취득하기 위하여 거래상대방 또는 제3자에게 지급하였거나 지급하여야 할 직접비용과 법령이 정하는 간접비용의 합계액으로 한다.

구 분	개인	법인
• 취득에 필요한 용역을 제공받은 대가로 지급한 용역비 · 수수료 • 취득대금 외의 당사자 약정에 따른 취득자 조건 부담액과 채무인수액 • 국민주택채권의 매각차손 • 건축물의 효용을 유지 또는 증대시키기 위한 설치비용 • 정원 또는 부속시설물의 설치비용	○	○
• 건설자금에 충당한 차입금 이자 • 할부 또는 연부이자 및 연체료 • 공인중개사에게 지급하는 중개보수	×	○
• 광고선전비 등 판매비용 • 전기 · 가스 · 열 등 이용자 분담금 • 이주비, 지장물 보상금 등 취득물건과 별개의 권리에 관한 보상비용 • 부가가치세 • 할인받은 금액(할인액)	×	×

2 시가인정액

(1) 평가기간(취득일 전 6개월부터 취득일 후 3개월 이내의 기간)에 취득 대상이 된 부동산등에 대하여 매매, 감정, 경매 또는 공매한 사실이 있는 경우의 그 가액을 말한다.

① **매매사실이 있는 경우**: 그 거래가액(매매계약일 기준)

② **둘 이상의 감정기관이 평가한 감정가액이 있는 경우**: 그 감정가액의 평균액(가격산정일 기준일과 감정가액평가서 작성일 기준)

③ **경매 또는 공매 사실이 있는 경우**: 그 경매가액 또는 공매가액(경매가액 또는 공매가액이 결정된 날 기준)

(2) 시가인정액이 둘 이상인 경우에는 취득일 전후로 가장 가까운 날의 가액(그 가액이 둘 이상인 경우에는 평균액을 말한다)

3 시가표준액

(1) **토 지**

① 「부동산 가격공시에 관한 법률」에 따라 공시된 개별공시지가

② **개별공시지가가 공시되지 아니한 경우**: 특별자치시장 · 특별자치도지사 · 시장 · 군수 또는 구청장이 국토교통부장관이 제공한 토지가격비준표를 사용하여 산정한 가액

(2) **주 택**

① 「부동산 가격공시에 관한 법률」에 따라 공시된 개별주택가격 또는 공동주택가격

② **주택가격이 공시되지 아니한 경우**: 특별자치시장 · 특별자치도지사 · 시장 · 군수 또는 구청장이 국토교통부장관 또는 행정안전부장관이 정하는 기준에 따라 산정한 가액

(3) **건축물**: 건설원가 등을 고려하여 행정안전부장관이 산정 · 고시하는 건물신축가격기준액 등을 고려하여 지방자치단체의 장이 결정한 가액으로 한다.

필수 확인문제

01 지방세법령상 부동산의 취득세 과세표준을 사실상 취득가격으로 하는 경우 이에 포함될 수 없는 것은 몇 개인가? (단, 법인이 아닌 자가 취득한 경우로서 특수관계인과의 거래가 아니며, 취득시기 이전에 지급되었음)

- 건설자금에 충당한 차입금의 이자 또는 이와 유사한 금융비용
- 할부 또는 연부(年賦) 계약에 따른 이자 상당액 및 연체료
- 취득대금 외에 당사자의 약정에 따른 취득자 조건 부담액과 채무인수액
- 「주택도시기금법」에 따라 매입한 국민주택채권을 해당 부동산의 취득 이전에 금융기관에 양도함으로써 발생하는 매각차손
- 이주비, 지장물 보상금 등 취득물건과는 별개의 권리에 관한 보상 성격으로 지급되는 비용
- 「전기사업법」에 따라 전기를 이용하는 자가 분담하는 비용
- 취득에 필요한 용역을 제공받는 대가로 지급하는 용역비·수수료
- 「공인중개사법」에 따른 공인중개사에게 지급하는 중개보수
- 취득대금을 일시급으로 지급하여 일정액을 할인받은 경우 그 할인액

① 4개　② 5개　③ 6개
④ 7개　⑤ 8개

02 지방세법령상 취득세에 관한 설명으로 옳은 것은?

① 법인이 아닌 자가 건축물을 매매로 승계취득하는 경우에는 그 건축물을 취득하기 위하여 「공인중개사법」에 따른 공인중개사에게 지급한 중개보수를 취득당시가액에 포함한다.
② 부동산, 차량, 기계장비 또는 항공기는 법령에서 특별한 규정이 있는 경우를 제외하고는 해당 물건을 취득하였을 때의 공부상의 등재 현황에 따라 부과한다.
③ 시가인정액이란 취득일 전 3개월부터 취득일 후 6개월 이내의 기간에 취득 대상이 된 부동산에 대하여 매매, 감정, 경매 또는 경매한 사실이 있는 경우의 가액을 말한다.
④ 평가기간 내에 시가인정액이 둘 이상인 경우에는 취득일 전후로 가장 가까운 날의 가액(그 가액이 둘 이상인 경우에는 평균액을 말한다)을 적용한다.
⑤ 부담부 증여의 경우 취득물건의 시가표준액에서 채무부담액을 뺀 잔액에 대해서는 무상취득에서의 과세표준을 적용한다.

03 「지방세법」상 시가표준액에 관한 설명으로 옳은 것을 모두 고른 것은?

㉠ 토지의 시가표준액은 세목별 납세의무의 성립 시기 당시 「부동산 가격공시에 관한 법률」에 따른 개별공시지가가 공시된 경우 개별공시지가로 한다.
㉡ 건축물의 시가표준액은 소득세법령에 따라 매년 1회 국세청장이 산정, 고시하는 건물신축가격기준액에 행정안전부장관이 정한 기준을 적용하여 국토교통부장관이 결정한 가액으로 한다.
㉢ 공동주택의 시가표준액은 공동주택가격이 공시되지 아니한 경우에는 지역별·단지별·면적별·층별 특성 및 거래가격을 고려하여 행정안전부장관이 정하는 기준에 따라 국토교통부장관이 산정한 가액으로 한다.

① ㉠　② ㉠, ㉡　③ ㉠, ㉢
④ ㉡, ㉢　⑤ ㉠, ㉡, ㉢

Answer 01. ③　02. ④　03. ①

07 | 표준세율

1 표준세율

1. 유상취득

(1) **주 택**

① **6억원 이하**: 1천분의 10

② **6억원 초과 9억원 이하**:

$$(\text{취득 당시 가액} \times \frac{2}{3\text{억원}} - 3) \times \frac{1}{100}$$

③ **9억원 초과**: 1천분의 30

(2) **농지**: 1천분의 30

(3) (1)**과** (2) **외의 부동산**: 1천분의 40

2. 상속으로 인한 취득

(1) **농지**: 1천분의 23

(2) (1) **외의 부동산**: 1천분의 28

3. 상속 외의 무상취득

(1) **비영리사업자의 취득**: 1천분의 28

(2) (1) **외의 자의 취득**: 1천분의 35

4. 공유물 · 합유물 및 총유물의 분할로 인한 취득: 1천분의 23

> 등기부등본상 본인 지분을 초과하는 부분의 경우는 제외한다.

5. 원시취득: 1천분의 28

> 건축(신축과 재축은 제외한다) 또는 개수로 인하여 건축물 면적이 증가할 때에는 그 증가된 부분에 대하여 원시취득으로 보아 표준세율을 적용한다.

2 표준세율 적용방법

(1) 지방자치단체의 장은 조례로 정하는 바에 따라 취득세의 세율을 표준세율의 100분의 50의 범위에서 가감할 수 있다.

(2) 부동산이 공유물일 때에는 그 취득지분의 가액을 과세표준으로 하여 각각의 세율을 적용한다.

(3) 주택을 신축 또는 증축한 이후 해당 주거용 건축물의 소유자가 해당 주택의 부속토지를 유상취득하는 경우에는 주택으로 보지 아니한다.

(4) 법인이 합병 또는 분할에 따라 부동산을 취득하는 경우 유상승계취득의 세율을 적용한다.

필수 확인문제

01 **지방세법령상 부동산 취득의 표준세율로 틀린 것은?**

① 원시취득: 1천분의 28
② 상속으로 인한 농지 외의 토지 취득: 1천분의 28
③ 직계존속으로부터 증여로 인한 농지의 취득: 1천분의 35
④ 상호교환으로 농지 외의 토지 취득: 1천분의 30
⑤ 공유농지의 분할로 취득(등기부 등본상 본인지분에 해당함): 1천분의 23

02 **「지방세법」상 부동산 취득시 취득세 과세표준에 적용되는 표준세율로 옳은 것을 모두 고른 것은?** (단, 조정대상지역에 있는 주택은 아님)

㉠ 상속으로 인한 농지 취득: 1천분의 23
㉡ 총유물의 분할로 인한 취득: 1천분의 23
㉢ 원시취득(공유수면의 매립 또는 간척으로 인한 농지취득 제외): 1천분의 28
㉣ 법령으로 정한 비영리사업자의 상속 외의 무상취득: 1천분의 28

① ㉠, ㉡
② ㉠, ㉢
③ ㉡, ㉢
④ ㉡, ㉢, ㉣
⑤ ㉠, ㉡, ㉢, ㉣

03 **지방세법령상 부동산 취득에 대한 취득세의 표준세율로 옳은 것을 모두 고른 것은?** (단, 조례에 의한 세율조정, 지방세관계법령상 특례 및 감면은 고려하지 않음)

㉠ 상속으로 인한 농지 취득: 1천분의 23
㉡ 법인의 합병으로 인한 농지 외의 토지 취득: 1천분의 40
㉢ 공유물의 분할로 인한 취득: 1천분의 17
㉣ 매매로 인한 농지 외의 토지 취득: 1천분의 19

① ㉠, ㉡
② ㉠, ㉢
③ ㉡, ㉢
④ ㉡, ㉢, ㉣
⑤ ㉠, ㉡, ㉢, ㉣

04 **「지방세법」상 취득세의 표준세율이 가장 높은 것은?** (단, 「지방세특례제한법」은 고려하지 않음)

① 상속으로 건물(주택 아님)을 취득한 경우
② 「사회복지사업법」에 따라 설립된 사회복지법인이 독지가의 기부에 의하여 건물을 취득한 경우
③ 영리법인이 공유수면을 매립하여 농지를 취득한 경우
④ 공유물 분할로 인한 취득으로서 등기부등본상 본인 지분에 해당하는 부분
⑤ 유상거래를 원인으로 농지를 취득한 경우

Answer 01. ④ 02. ⑤ 03. ③ 04. ⑤

08 | 특례세율

1 표준세율에서 중과기준세율을 뺀 세율

(1) 환매등기를 병행하는 부동산의 매매로서 환매기간 내에 매도자가 환매한 경우의 그 매도자와 매수자의 취득

(2) 「민법」 제834조, 제839조의2, 제840조에 따른 재산분할로 인한 취득

이 혼	재산분할	표준세율에서 중과기준세율을 뺀 세율
	위자료	표준세율

(3) 공유물·합유물의 분할 또는 부동산의 공유권 해소를 위한 지분이전으로 인한 취득(단, 등기부등본상 본인 지분을 초과하는 부분은 제외한다)

(4) 건축물의 이전으로 인한 취득(단, 이전한 건축물의 가액이 종전 건축물의 가액을 초과하는 경우에 그 초과하는 가액은 제외한다)

(5) **상속으로 인한 취득 중 다음에 해당하는 것**

① 1가구 1주택(고급주택은 제외)의 취득

② 취득세 감면대상이 되는 농지의 취득

(6) 법인의 합병으로 인한 취득

(7) 벌채하여 원목을 생산하기 위한 입목의 취득

2 중과기준세율

(1) 개수로 인한 취득(단, 개수로 인하여 건축물 면적이 증가한 경우는 제외한다)

(2) 선박·차량과 기계장비 및 토지의 가액 증가

(3) 과점주주의 취득

(4) 시설대여업자의 건설기계 또는 차량 취득

(5) 외국인 소유의 차량, 기계장비, 항공기 및 선박을 임차하여 수입하는 경우의 취득(연부로 취득하는 경우로 한정한다)

(6) 취득대금을 지급한 자의 취득

(7) 레저시설 등의 취득

(8) 존속기간이 1년을 초과하는 임시건축물(사치성 재산은 제외)

임시 건축물	원 칙	비과세
	1년 초과	과세(중과기준세율)
	사치성 재산	과세(중과세율)

(9) 무덤과 이에 접속된 부속시설물의 부지로 사용되는 토지로서 지적공부상 지목이 묘지인 토지의 취득

묘 지	취득세	과세(중과기준세율)
	등록면허세	비과세
	재산세	비과세

필수 확인문제

01 **「지방세법」상 취득세 표준세율에서 중과기준세율을 뺀 세율로 산출한 금액을 그 세액으로 하는 것으로만 묶인 것은?** (단, 취득물건은 취득세 중과대상이 아님)

> ㉠ 환매등기를 병행하는 부동산의 매매로서 환매기간 내에 매도자가 환매한 경우의 그 매도자와 매수자의 취득
> ㉡ 존속기간이 1년을 초과하는 임시건축물의 취득
> ㉢ 「민법」 제834조, 제839조의2, 제840조에 따른 이혼시 재산분할로 인한 취득
> ㉣ 등기부등본상 본인 지분을 초과하지 않는 공유물의 분할로 인한 취득

① ㉠, ㉡ ② ㉡, ㉣
③ ㉢, ㉣ ④ ㉠, ㉡, ㉢
⑤ ㉠, ㉢, ㉣

02 **지방세법령상 취득세 표준세율에서 중과기준세율을 뺀 세율로 산출한 금액을 취득세액으로 하는 경우가 아닌 것은?** (단, 취득물건은 중과대상이 아님)

① 상속으로 인한 취득 중 법령으로 정하는 1가구 1주택 및 그 부속토지의 취득
② 공유물의 분할로 인한 취득(등기부등본상 본인 지분을 초과하지 아니함)
③ 건축물의 이전으로 인한 취득(이전한 건축물의 가액이 종전 건축물의 가액을 초과하지 아니함)
④ 「민법」 제834조, 제839조의2 및 제840조에 따라 재산분할로 인한 취득
⑤ 개수로 인한 취득(개수로 인하여 건축물 면적이 증가하지 아니함)

03 **「지방세법」상 취득세액을 계산할 때 중과기준세율만을 적용하는 경우를 모두 고른 것은?** (단, 취득세 중과물건이 아님)

> ㉠ 개수로 인하여 건축물 면적이 증가하는 경우 그 증가된 부분
> ㉡ 토지의 지목을 사실상 변경함으로써 그 가액이 증가한 경우
> ㉢ 법인설립 후 유상증자시에 주식을 취득하여 최초로 과점주주가 된 경우
> ㉣ 상속으로 농지를 취득하는 경우

① ㉠, ㉡ ② ㉠, ㉣
③ ㉡, ㉢ ④ ㉠, ㉢, ㉣
⑤ ㉡, ㉢, ㉣

04 **지방세법령상 취득세액을 계산할 때 중과기준세율을 적용하는 것만을 모두 고르면?**

> ㉠ 외국인 소유의 취득세 과세대상 차량을 임차하여 수입하는 경우의 취득(연부취득이 아님)
> ㉡ 「지방세법」에 따른 과점주주의 취득
> ㉢ 「여신전문금융업법」에 따라 차량을 등록한 대여시설이용자가 그 시설대여업자로부터 취득하는 차량의 취득
> ㉣ 존속기간이 1년을 초과하는 임시건축물의 취득

① ㉠, ㉣ ② ㉡, ㉢
③ ㉠, ㉡, ㉢ ④ ㉡, ㉢, ㉣
⑤ ㉠, ㉡, ㉢, ㉣

Answer 01. ⑤ 02. ⑤ 03. ③ 04. ④

09 | 중과세율

1 과밀억제권역 내 공장 또는 법인의 사업용 과세물건의 취득

(1) **중과세율**: 표준세율과 중과기준세율의 100분의 200을 합한 세율

(2) **중과 제외 업종**: 도시형 업종(금융, 의료, 유통, 백화점 등)

2 사치성 재산

(1) **중과세율**: 표준세율과 중과기준세율의 100분의 400을 합한 세율

(2) **종류**: 회원제 골프장, 고급오락장, 고급선박, 고급주택

(3) 고급오락장·고급주택에 부속된 토지의 경계가 명확하지 아니할 때에는 그 건축물 바닥면적의 10배에 해당하는 토지를 그 부속토지로 본다.

(4) 고급오락장·고급주택을 취득한 날부터 60일(상속으로 인한 경우는 상속개시일이 속하는 달의 말일부터 6개월) 이내에 해당 용도가 아닌 용도로 사용하거나 용도변경공사를 착공하는 경우에는 중과하지 아니한다.

3 주 택

(1) **유상취득**

① **개 인**

구 분	1주택	2주택	3주택	4주택 이상
조정지역	표준	㉠	㉡	㉡
비조정지역	표준	표준	㉠	㉡

㉠ 표준세율과 중과기준세율의 100분의 200을 합한 세율

㉡ 표준세율과 중과기준세율의 100분의 400을 합한 세율

② **법인**(사원용 주택은 제외): 표준세율과 중과기준세율의 100분의 400을 합한 세율

(2) **무상**(상속 제외)**취득**

① **대상**: 조정대상지역에 있는 주택으로서 공시가격 3억원 이상의 주택

② **중과세율**: 표준세율과 중과기준세율의 100분의 400을 합한 세율

(3) 다음에 해당하는 경우에는 세대별 소유 주택 수에 가산한다.

① 「신탁법」에 따라 신탁된 주택은 위탁자의 주택 수에 가산한다.

② 재산세를 주택으로 과세하는 오피스텔은 해당 오피스텔을 소유한 자의 주택 수에 가산한다.

필수 확인문제

01 **「지방세법」상 취득세 표준세율과 중과기준세율의 100분의 400을 합한 세율인 중과세율이 적용되는 취득세 과세대상은 다음 중 모두 몇 개인가?** (단, 「지방세법」상 중과세율의 적용요건을 모두 충족하는 것으로 가정함)

> • 고급선박
> • 골프장
> • 고급주택
> • 고급오락장
> • 과밀억제권역 안에서 법인 본점으로 사용하는 사업용 부동산

① 1개 ② 2개
③ 3개 ④ 4개
⑤ 5개

02 **「지방세법」상 아래의 부동산등을 신(증)축하는 경우 취득세가 중과되는 것을 모두 고른 것은?** (단, 「지방세법」상 중과요건을 충족하는 것으로 가정함)

> ㉠ 병원의 병실
> ㉡ 골프장
> ㉢ 고급주택
> ㉣ 법인 본점의 사무소 전용 주차타워
> ㉤ 백화점의 영업장

① ㉠, ㉡, ㉢ ② ㉠, ㉣, ㉤
③ ㉡, ㉢, ㉣ ④ ㉡, ㉢, ㉤
⑤ ㉢, ㉣, ㉤

03 **지방세법령상 취득세에 관한 설명으로 옳은 것은?**

① 환매등기를 병행하는 부동산의 매매로서 환매기간 내에 매도자가 환매한 경우의 그 매도자와 매수자의 취득에 대한 취득세는 표준세율에 중과기준세율을 합한 세율로 산출한 금액으로 한다.
② 대도시에서 법인이 사원에 대한 임대용으로 직접 사용할 목적으로 사원주거용 목적의 공동주택(1구의 건축물의 면적이 60㎡ 이하임)을 취득하는 경우에는 중과세율을 적용한다.
③ 세대별 소유주택 수에 따른 중과세율을 적용함에 있어 주택으로 재산세를 과세하는 오피스텔은 해당 오피스텔을 소유한 자의 주택 수에 가산하지 아니한다.
④ 건축물의 개수로 인하여 건축물 면적이 증가할 때에는 그 증가된 부분이 아닌 전체 면적을 원시취득으로 본다.
⑤ 같은 취득물건에 대하여 둘 이상의 세율이 해당되는 경우에는 그중 높은 세율을 적용한다.

Answer 01. ④ 02. ③ 03. ⑤

10 | 납세절차

1 납세지

(1) 납세지는 다음과 같다.

① **부동산**: 부동산 소재지

② **선박**: 선적항 소재지

③ **항공기**: 정치장 소재지

④ **광업권**: 광구 소재지

⑤ **어업권, 양식업권**: 어장 소재지

(2) 납세지가 분명하지 아니한 경우에는 해당 취득물건의 소재지를 그 납세지로 한다.

(3) 같은 취득물건이 둘 이상의 지방자치단체에 걸쳐 있는 경우에는 시가표준액 비율에 따라 소재지별로 안분(按分)한다.

2 납세절차

1. 원칙 – 신고납부

(1) **일반적인 경우**: 취득한 날부터 60일 이내 신고납부

(2) **토지거래계약에 관한 허가를 받기 전에 대금을 완납한 경우**: 허가일(허가구역이 지정 해제되거나 축소된 경우에는 지정 해제일 또는 축소일)부터 60일 이내 신고납부

(3) **무상취득**

① **상속 외의 무상**(부담부증여 포함): 취득일이 속하는 달의 말일부터 3개월 이내 신고납부

② **상속**: 취득일이 속하는 달의 말일부터 6개월(외국에 주소를 둔 상속인이 있는 경우에는 9개월) 이내

(4) **신고납부기한 이내에 재산권 등을 공부(公簿)에 등기하거나 등록하려는 경우**: 등기 또는 등록신청서를 등기·등록관서에 접수하는 날까지

(5) **취득세를 비과세 또는 과세면제 받은 후에 해당 과세물건이 취득세 부과대상이 된 경우**: 사유발생일부터 60일 이내에 신고납부

(6) **취득세를 경감받은 후에 해당 과세물건이 취득세 추징대상이 된 경우**: 그 사유발생일부터 60일 이내에 과세표준에 세율을 적용하여 산출한 세액에서 이미 납부한 세액(가산세는 제외한다)을 공제한 세액을 신고납부

(7) **취득세 과세물건을 취득한 후에 그 과세물건이 중과세율 적용대상이 된 경우**: 중과대상이 된 날부터 60일 이내에 중과세율을 적용하여 산출한 세액에서 이미 납부한 세액(가산세는 제외한다)을 공제한 세액을 신고납부

(8) 「부동산등기법」에 따라 채권자대위권에 의한 등기신청을 하려는 채권자는 납세의무자를 대위하여 부동산의 취득에 대한 취득세를 신고납부할 수 있다.

2. 예외 – 보통징수 + 가산세

다음에 해당하는 경우에는 산출세액 또는 부족세액에 가산세를 합한 금액을 세액으로 하여 보통징수의 방법으로 징수한다.

(1) 취득세 납세의무자가 신고 또는 납부의무를 다하지 아니한 경우

(2) 일시적 2주택으로 신고하였으나 그 취득일부터 3년 이내에 종전 주택을 처분하지 못하여 1주택으로 되지 아니한 경우

3 가산세

1. 신고 또는 납부의무를 다하지 아니한 경우

(1) **무신고가산세**: 무신고 납부세액의 100분의 20(사기나 부정행위는 100분의 40)

(2) **과소신고가산세**: 과소신고분 납부세액의 100분의 10(사기나 부정행위는 100분의 40)

(3) **납부지연가산세**: 미납일수의 10만분의 22(한도 100분의 75)

2. 취득세 납세의무가 있는 법인이 장부와 관련 증빙서류를 작성하여 갖춰두지 아니한 경우: 산출세액 또는 부족세액의 100분의 10

3. 중가산세

(1) 납세의무자가 취득세 과세물건을 사실상 취득한 후 신고를 하지 아니하고 매각하는 경우에는 산출세액에 100분의 80을 가산한 금액을 세액으로 하여 보통징수의 방법으로 징수한다.

(2) **중가산세가 적용되지 아니하는 경우**

① 취득세 과세물건 중 등기 또는 등록이 필요하지 아니하는 과세물건(회원권은 제외)

② 지목변경, 차량・기계장비 또는 선박의 종류변경, 주식 등의 취득 등 취득으로 보는 과세물건

4. 납세의무자가 신고기한까지 취득세를 시가인정액으로 신고한 후 지방자치단체의 장이 세액을 경정하기 전에 그 시가인정액을 수정신고한 경우에는 무신고가산세 및 과소신고가산세를 부과하지 아니한다.

4 통보의무

(1) 등기・등록관서의 장은 취득세가 납부되지 아니하였거나 납부부족액을 발견하였을 때에는 다음 달 10일까지 납세지를 관할하는 시장・군수・구청장에게 통보하여야 한다.

(2) 국가, 지방자치단체 또는 지방자치단체조합이 취득세 과세물건을 매각하면 매각일부터 30일 이내에 그 물건 소재지를 관할하는 지방자치단체의 장에게 통보하거나 신고하여야 한다.

(3) 지방자치단체의 장은 채권자대위자의 신고납부가 있는 경우 납세의무자에게 그 사실을 즉시 통보하여야 한다.

5 면세점

(1) 취득가액(연부취득의 경우는 연부금 총액)이 50만원 이하일 때에는 취득세를 부과하지 아니한다.

(2) 토지나 건축물을 취득한 자가 그 취득한 날부터 1년 이내에 그에 인접한 토지나 건축물을 취득한 경우에는 각각 그 전후의 취득에 관한 토지나 건축물의 취득을 1건의 토지 취득 또는 1구의 건축물 취득으로 보아 면세점 여부를 적용한다.

필수 확인문제

01 「지방세법」상 취득세의 부과·징수에 관한 설명으로 옳은 것은?

① 취득세의 징수는 보통징수의 방법으로 한다.
② 상속으로 취득세 과세물건을 취득한 자는 상속개시일부터 60일 이내에 산출한 세액을 신고하고 납부하여야 한다.
③ 신고·납부기한 이내에 재산권과 그 밖의 권리의 취득·이전에 관한 사항을 공부에 등기하거나 등록(등재 포함)하려는 경우에는 등기 또는 등록신청서를 등기·등록관서에 접수하는 날까지 취득세를 신고·납부하여야 한다.
④ 취득세 과세물건을 취득한 후에 그 과세물건이 중과세율의 적용대상이 되었을 때에는 중과세율을 적용하여 산출한 세액에서 이미 납부한 세액(가산세 포함)을 공제한 금액을 세액으로 하여 신고·납부하여야 한다.
⑤ 법인의 취득 당시 가액을 증명할 수 있는 장부가 없는 경우 지방자치단체의 장은 그 산출된 세액의 100분의 20을 징수하여야 할 세액에 가산한다.

02 「지방세법」상 취득세의 부과·징수에 관한 설명으로 옳은 것은?

① 납세의무자가 토지의 지목을 사실상 변경한 후 산출세액에 대한 신고를 하지 아니하고 그 토지를 매각하는 경우에는 산출세액에 100분의 80을 가산한 금액을 세액으로 하여 징수한다.
② 토지를 취득한 자가 취득한 날부터 1년 이내에 그에 인접한 토지를 취득한 경우 그 취득가액이 100만원일 때에는 취득세를 부과하지 아니한다.
③ 등기·등록관서의 장은 취득세가 납부되지 아니하였거나 납부부족액을 발견하였을 때에는 다음 달 10일까지 납세지를 관할하는 시장·군수·구청장에게 통보하여야 한다.
④ 「부동산등기법」 제28조에 따라 채권자대위권에 의한 등기신청을 하려는 채권자는 납세의무자인 채무자를 대위하여 부동산의 취득에 대한 취득세를 신고납부할 수 없다.
⑤ 납세의무자가 법정신고기한까지 취득세를 사실상 취득가격으로 신고한 후 지방자치단체의 장이 세액을 경정하기 전에 그 사실상 취득가격을 수정신고한 경우에는 가산세가 부과되지 아니한다.

03 지방세법령상 취득세에 관한 설명으로 <u>틀린</u> 것은?

① 국가가 취득세 과세물건을 매각하면 매각일부터 60일 이내에 지방자치단체의 장에게 신고하여야 한다.
② 토지를 취득한 자가 그 취득한 날부터 1년 이내에 그에 인접한 토지를 취득한 경우 그 전후의 취득에 관한 토지의 취득을 1건의 취득으로 보아 면세점을 적용한다.
③ 부담부증여로 취득한 경우 취득일이 속하는 달의 말일부터 3개월 이내에 신고하고 납부하여야 한다.
④ 납세지가 분명하지 아니한 경우에는 해당 취득물건의 소재지를 납세지로 한다.
⑤ 취득가액이 100만원인 경우에는 취득세를 부과한다.

Answer 01. ③ 02. ③ 03. ①

MEMO

11 | 비과세

1 국가 등의 취득

(1) 국가, 지방자치단체, 지방자치단체조합, 외국정부 및 주한국제기구의 취득에 대해서는 취득세를 부과하지 아니한다.

(2) 다만, 대한민국 정부기관의 취득에 대하여 과세하는 외국정부의 취득에 대해서는 취득세를 부과한다(상호면세주의).

2 귀속 또는 기부채납 + 부동산

(1) 국가, 지방자치단체 또는 지방자치단체조합에 귀속 또는 기부채납을 조건으로 취득하는 부동산에 대해서는 취득세를 부과하지 아니한다.

(2) 다만, 다음의 경우에는 취득세를 부과한다.

① 귀속 등의 조건을 이행하지 아니한 경우

② 귀속 등의 반대급부로 부동산을 무상으로 양여받거나 기부채납 대상물의 무상사용권을 제공받는 경우

3 신탁재산 + 수탁자

(1) 「신탁법」에 따른 신탁으로서 신탁등기가 병행된 신탁재산의 취득으로서 다음에 해당하는 경우에는 취득세를 부과하지 아니한다.

① 위탁자로부터 수탁자에게 이전하는 경우

② 수탁자로부터 위탁자에게 이전하는 경우

③ 신수탁자에게 신탁재산을 이전하는 경우

(2) 다만, 신탁재산의 취득 중 주택조합 등과 조합원 간의 부동산 취득 및 주택조합 등의 비조합원용 부동산 취득은 취득세를 부과한다.

4 ~~법 + 환매권 행사

「징발재산정리에 관한 특별조치법」 등에 따른 동원대상지역 내의 토지의 수용·사용에 관한 환매권의 행사로 매수하는 부동산의 취득에 대하여는 취득세를 부과하지 아니한다.

5 임시건축물

(1) 임시흥행장, 공사현장사무소 등 임시건축물의 취득에 대하여는 취득세를 부과하지 아니한다.

(2) 다만, 다음의 경우에는 취득세를 부과한다.

① 존속기간이 1년을 초과하는 경우

② 사치성 재산으로 사용하는 경우

6 공동주택 + 개수(대수선 제외)

「주택법」에 따른 공동주택의 개수(「건축법」에 따른 대수선은 제외한다)로 인한 취득 중 취득 당시 주택의 시가표준액이 9억원 이하인 주택과 관련된 개수로 인한 취득에 대해서는 취득세를 부과하지 아니한다.

7 사용할 수 없는 차량 + 상속

상속개시 이전에 천재지변·화재·교통사고·폐차·차령초과(車齡超過) 등으로 사용할 수 없게 된 차량

필수 확인문제

01 **「지방세법」상 신탁(**「신탁법」에 따른 신탁으로서 신탁등기가 병행되는 것임)**으로 인한 신탁재산의 취득으로서 취득세가 부과되는 경우는 모두 몇 개인가?**

> ㉠ 위탁자로부터 수탁자에게 신탁재산을 이전하는 경우
> ㉡ 신탁의 종료로 인하여 수탁자로부터 위탁자에게 신탁재산을 이전하는 경우
> ㉢ 수탁자가 변경되어 신수탁자에게 신탁재산을 이전하는 경우
> ㉣ 「주택법」에 따른 주택조합이 비조합원용 부동산을 취득하는 경우

① 0개 ② 1개
③ 2개 ④ 3개
⑤ 4개

02 **「지방세법」상 취득세에 관한 설명으로 옳은 것은?**

① 「주택법」에 따른 공동주택의 개수(「건축법」에 따른 대수선은 제외)로 인한 취득 중 개수로 인한 취득 당시 주택의 시가표준액이 9억원 이하인 경우에는 취득세를 부과하지 아니한다.
② 법령이 정하는 고급오락장에 해당하는 임시건축물의 취득에 대하여는 존속기간에 관계없이 취득세를 부과하지 아니한다.
③ 국가 및 외국정부의 취득에 대해서는 취득세를 부과한다.
④ 파산선고로 인하여 처분되는 부동산을 취득한 경우에는 취득세를 부과하지 아니한다.
⑤ 지방자치단체에 기부채납을 조건으로 부동산을 취득하는 경우로서 그 반대급부로 기부채납 대상물의 무상사용권을 제공받는 때에는 그 해당 부분에 대해서는 취득세를 부과하지 아니한다.

03 **「지방세법」상 취득세에 관한 설명으로 <u>틀린</u> 것은?**

① 대한민국 정부기관의 취득에 대하여 과세하는 외국정부의 취득에 대해서는 취득세를 부과한다.
② 「건축법」상 대수선으로 인해 공동주택을 취득한 경우에는 취득세를 부과한다.
③ 국가에 귀속의 반대급부로 영리법인이 국가 소유의 부동산을 무상으로 양여받은 경우에는 취득세를 부과하지 아니한다.
④ 영리법인이 취득한 임시흥행장의 존속기간이 1년을 초과하는 경우에는 취득세를 부과한다.
⑤ 신탁(「신탁법」에 따른 신탁으로서 신탁등기가 병행되는 것만 해당한다)으로 인한 신탁재산의 취득 중 주택조합 등과 조합원 간의 부동산 취득에 대해서는 취득세를 부과한다.

Answer 01. ② 02. ① 03. ③

박문각 공인중개사

CHAPTER

03

등록면허세

01 | 등록면허세

01 과세범위

1. 등기 또는 등록대상. 다만, 취득을 원인으로 이루어지는 등기 또는 등록은 제외한다.

2. 취득을 원인으로 이루어지는 등기 또는 등록 중 다음에 해당하는 것
   ① 광업권·어업권 또는 양식업권
   ② 외국인 소유의 차량, 기계장비, 항공기 및 선박의 연부 취득
   ③ 취득세 부과제척기간이 경과한 물건
   ④ 취득세 면세점에 해당하는 물건

02 납세의무자 – 등록을 하는 자(명의자)

① **설정**: ~~권자
② **말소**: ~~설정자

03 과세표준

1 일반적인 경우: 등록 당시의 가액

① 등록 당시의 가액은 등록자의 신고에 따른다.
② 다만, 신고가 없거나 시가표준액보다 적은 경우에는 시가표준액으로 한다.

2 취득을 원인으로 하는 등록: 취득 당시 가액

① 취득세 부과제척기간이 경과한 물건의 등기 또는 등록의 경우에는 취득 당시 가액과 등록 당시 가액 중 큰 금액으로 한다.
② 등록 당시에 자산재평가 또는 감가상각 등의 사유로 그 가액이 달라진 경우에는 변경된 가액을 과세표준으로 한다.

3 채권금액으로 과세액을 정하는 경우에 일정한 채권금액이 없을 때에는 채권의 목적이 된 것의 가액을 그 채권금액으로 본다.

4 표준세율(±50%)

구 분				과세표준	세 율
소유권	보존등기			부동산가액	1천분의 8
	이전등기	유 상		부동산가액	1천분의 20
		무 상	상속	부동산가액	1천분의 8
			증여	부동산가액	1천분의 15
소유권 외	가등기			부동산가액 채권금액	1천분의 2
	지상권			부동산가액	
	지역권			요역지가액	
	전세권			전세금액	
	임차권			월 임대차금액	
	저당권, 경매신청 가압류, 가처분			채권금액	
말소등기, 지목변경등기				매 1건당	6,000원

유상거래를 원인으로 주택을 취득한 경우 등록면허세율은 취득세율의 100분의 50을 적용한다.

04 중과세율 : 표준세율의 100분의 300

1 종 류

① 대도시에서 법인을 설립하거나 지점이나 분사무소를 설치함에 따른 등기
② 대도시 밖에 있는 법인의 본점이나 주사무소를 대도시로 전입함에 따른 등기

2 중과 제외 업종: 금융, 의료, 유통 등

05 납세지

(1) **납세지가 분명하지 아니한 경우**: 등록관청 소재지
(2) **둘 이상의 지방자치단체에 걸쳐 있는 경우**: 등록관청 소재지
(3) 같은 채권의 담보를 위하여 설정하는 둘 이상의 저당권을 등록하는 경우에는 이를 하나의 등록으로 보아 그 등록에 관계되는 재산을 처음 등록하는 등록관청 소재지를 납세지로 한다.

06 신고납부

(1) **등록을 하려는 경우**: 등록을 하기 전까지
(2) **비과세받은 후 부과대상**: 60일 이내
(3) **경감받은 후 추징대상**: 60일 이내[이미 납부한 세액(가산세 제외)은 공제]
(4) **등록 후 중과대상**: 60일 이내[이미 납부한 세액(가산세 제외)은 공제]

07 신고의제

신고의무를 다하지 아니한 경우에도 등록면허세 산출세액을 등록을 하기 전까지 납부하였을 때에는 신고를 하고 납부한 것으로 본다. 이 경우 신고 관련 가산세를 부과하지 아니한다.

08 최저세액

등록면허세액이 6천원보다 적은 경우 등록면허세액은 6천원으로 한다.

09 비과세

(1) 국가, 지방자치단체, 지방자치단체조합, 외국정부 및 주한국제기구가 자기를 위하여 받는 등록에 대하여는 등록면허세를 부과하지 아니한다. 다만, 대한민국 정부기관이 등록에 대하여 과세하는 외국정부의 등록인 경우에는 등록면허세를 부과한다.
(2) 「채무자 회생 및 파산에 관한 법률」에 따른 등기 또는 등록
(3) 행정구역의 변경, 등기 또는 등록담당 공무원의 착오 및 이와 유사한 사유로 인한 등기 또는 등록
(4) 무덤과 이에 접속된 부속시설물의 부지로 사용되는 토지로서 지적공부상 지목이 묘지인 토지에 관한 등기

필수 확인문제

01 **「지방세법」상 부동산등기에 대한 등록면허세의 표준세율로 틀린 것은?** (단, 부동산등기에 대한 표준세율을 적용하여 산출한 세액이 그 밖의 등기 또는 등록세율보다 크다고 가정하며, 중과세 및 비과세와 「지방세특례제한법」은 고려하지 않음)

① 소유권 보존: 부동산가액의 1천분의 8
② 가처분: 부동산가액의 1천분의 2
③ 지역권 설정: 요역지가액의 1천분의 2
④ 전세권 이전: 전세금액의 1천분의 2
⑤ 상속으로 인한 소유권 이전: 부동산가액의 1천분의 8

02 **거주자인 개인 乙은 甲이 소유한 부동산**(시가 6억원)**에 전세기간 2년, 전세보증금 3억원으로 하는 전세계약을 체결하고, 전세권설정등기를 하였다. 「지방세법」상 등록면허세에 관한 설명으로 옳은 것은?**

① 과세표준은 6억원이다.
② 표준세율은 전세보증금의 1천분의 8이다.
③ 납부세액은 6천원이다.
④ 납세의무자는 乙이다.
⑤ 납세지는 甲의 주소지이다.

03 **「지방세법」상 등록에 대한 등록면허세에 관한 설명으로 틀린 것은?**

① 채권금액으로 과세액을 정하는 경우에 일정한 채권금액이 없을 때에는 채권의 목적이 된 것의 가액 또는 처분의 제한의 목적이 된 금액을 그 채권금액으로 본다.
② 같은 채권의 담보를 위하여 설정하는 둘 이상의 저당권을 등록하는 경우에는 이를 하나의 등록으로 보아 그 등록에 관계되는 재산을 처음 등록하는 등록관청 소재지를 납세지로 한다.
③ 부동산등기에 대한 등록면허세의 납세지가 분명하지 아니한 경우에는 등록관청 소재지를 납세지로 한다.
④ 대도시 밖에 있는 법인의 본점이나 주사무소를 대도시로 전입함에 따른 등기는 법인등기에 대한 세율의 100분의 200으로 한다.
⑤ 지방자치단체의 장은 채권자대위자의 부동산의 등기에 대한 등록면허세 신고납부가 있는 경우 납세의무자에게 그 사실을 즉시 통보하여야 한다.

04 **「지방세법」상 등록면허세에 관한 설명으로 옳은 것은?**

① 지방자치단체의 장은 등록면허세의 세율을 표준세율의 100분의 60의 범위에서 가감할 수 있다.
② 등록 당시에 감가상각의 사유로 가액이 달라진 경우 그 가액에 대한 증명 여부에 관계없이 변경 전 가액을 과세표준으로 한다.
③ 부동산 등록에 대한 신고가 없는 경우 취득 당시 시가표준액의 100분의 110을 과세표준으로 한다.
④ 지목이 묘지인 토지의 등록에 대하여 등록면허세를 부과한다.
⑤ 부동산등기에 대한 등록면허세의 납세지는 부동산 소재지로 하며, 납세지가 분명하지 아니한 경우에는 등록관청 소재지로 한다.

05 **지방세법령상 등록에 대한 등록면허세에 관한 설명으로 틀린 것은?**

① 같은 등록에 관계되는 재산이 둘 이상의 지방자치단체에 걸쳐 있어 등록면허세를 지방자치단체별로 부과할 수 없을 때에는 등록관청 소재지를 납세지로 한다.
② 지방자치단체의 장은 조례로 정하는 바에 따라 등록면허세의 세율을 부동산 등기에 따른 표준세율의 100분의 50의 범위에서 가감할 수 있다.
③ 주택의 토지와 건축물을 한꺼번에 평가하여 토지나 건축물에 대한 과세표준이 구분되지 아니하는 경우에는 한꺼번에 평가한 개별주택가격을 토지나 건축물의 가액 비율로 나눈 금액을 각각 토지와 건축물의 과세표준으로 한다.
④ 부동산의 등록에 대한 등록면허세의 과세표준은 등록자가 신고한 당시의 가액으로 하고, 신고가 없거나 신고가액이 시가표준액보다 많은 경우에는 시가표준액으로 한다.
⑤ 채권자대위자는 납세의무자를 대위하여 부동산의 등기에 대한 등록면허세를 신고납부할 수 있다.

06 **지방세법령상 등록에 대한 등록면허세에 관한 설명으로 옳은 것은?**

① 부동산가압류에 대한 등록면허세의 세율은 부동산가액의 1천분의 2로 한다.
② 등록을 하려는 자가 등록면허세 신고의무를 다하지 않고 산출세액을 등록 전까지 납부한 경우 「지방세기본법」에 따른 무신고가산세가 부과된다.
③ 등록면허세에서 등록은 재산권과 그 밖의 권리의 설정·변경 또는 소멸에 관한 사항을 공부에 등기하거나 등록하는 것을 말하며, 취득세 과세대상에 해당하는 취득을 원인으로 이루어지는 등기 또는 등록을 포함한다.
④ 근저당권 설정등기의 경우 등록면허세의 납세의무자는 근저당권설정자이다.
⑤ 「한국은행법」 및 「한국수출입은행법」에 따른 은행업을 영위하기 위하여 대도시에서 법인을 설립함에 따른 등기를 한 법인이 그 등기일부터 2년 이내에 업종 변경이나 업종 추가가 없는 때에는 등록면허세의 세율을 중과하지 아니한다.

07 **지방세법령상 등록에 대한 등록면허세가 비과세되는 경우로 틀린 것은?**

① 지방자치단체조합이 자기를 위하여 받는 등록
② 무덤과 이에 접속된 부속시설물의 부지로 사용되는 토지로서 지적공부상 지목이 묘지인 토지에 관한 등기
③ 「채무자 회생 및 파산에 관한 법률」 제6조 제3항에 따른 등기 또는 등록
④ 대한민국 정부기관의 등록에 대하여 과세하는 외국정부의 등록
⑤ 등기 담당 공무원의 착오로 인한 주소 등의 단순한 표시변경 등기

Answer 01. ② 02. ④ 03. ④ 04. ⑤ 05. ④ 06. ⑤ 07. ④

박문각 공인중개사

CHAPTER

04

재산세

01 | 과세대상

1 과세대상물(열거주의)

(1) 재산세는 토지, 건축물, 주택, 선박 및 항공기를 과세대상으로 한다.

(2) 토지분 재산세는 분리과세대상, 별도합산과세대상 그리고 종합합산과세대상으로 구분한다.

(3) 재산세 과세대상 중 토지와 건축물의 범위에서 주택은 제외한다.

2 주택분 재산세 판정

(1) 주택별로 과세하며, 주거용 건축물과 그 부수토지를 합하여 계산한다.

(2) 주택 부속토지의 경계가 명백하지 아니한 경우에는 그 주택의 바닥면적의 10배에 해당하는 토지를 주택의 부속토지로 한다.

(3) 「건축법 시행령」 별표에 따른 다가구주택은 1가구가 독립하여 구분사용할 수 있도록 분리된 부분을 1구의 주택으로 본다.

(4) **겸용주택**

① 1동(棟)의 건물이 주거와 주거 외의 용도로 사용되고 있는 경우에는 주거용으로 사용되는 부분만을 주택으로 본다.

② 1구(構)의 건물이 주거와 주거 외의 용도로 사용되고 있는 경우에는 주거용으로 사용되는 면적이 전체의 100분의 50 이상인 경우에는 주택으로 본다.

③ ②의 경우 건축물에서 허가 등이나 사용승인을 받지 아니하고 주거용으로 사용하는 면적이 전체 건축물 면적의 100분의 50 이상인 경우에는 그 건축물 전체를 주택으로 보지 아니하고, 그 부속토지는 종합합산과세대상 토지로 본다.

3 과세대상물 판정

(1) **원칙**: 사실상의 현황

① 공부상 등재되지 아니한 경우

② 공부상 등재현황과 사실상의 현황이 다른 경우

(2) **예외**: 공부상 등재현황

① 관계 법령에 따라 허가 등을 받아야 함에도 불구하고 허가 등을 받지 않고 재산세의 과세대상 물건을 이용하는 경우로서 사실상 현황에 따라 재산세를 부과하면 오히려 재산세 부담이 낮아지는 경우

② 재산세 과세기준일 현재의 사용이 일시적으로 공부상 등재현황과 달리 사용하는 것으로 인정되는 경우

필수 확인문제

01 **「지방세법」상 재산세 과세대상에 속하는 것으로 옳게 묶인 것은?**

> ㉠ 항공기
> ㉡ 시가표준액이 1억원인 비업무용 자가용 선박
> ㉢ 고급주택
> ㉣ 카지노업에 사용되는 건축물
> ㉤ 과수원
> ㉥ 차량
> ㉦ 골프 회원권
> ㉧ 기계장비
> ㉨ 광업권
> ㉩ 법령에 의해 신고된 20타석 이상의 골프연습장

① ㉠, ㉢, ㉣, ㉤　② ㉡, ㉣, ㉨, ㉩
③ ㉠, ㉢, ㉥, ㉩　④ ㉡, ㉥, ㉦, ㉧
⑤ ㉤, ㉦, ㉧, ㉨

02 **「지방세법」상 재산세에 관한 설명으로 옳은 것은?** (단, 비과세는 고려하지 않음)

① 재산세 과세대상인 토지란 「공간정보의 구축 및 관리 등에 관한 법률」에 따라 지적공부의 등록대상이 되는 토지와 그 밖에 사용되고 있는 사실상의 토지를 말한다.
② 토지와 주택에 대한 재산세 과세대상은 종합합산과세대상, 별도합산과세대상 및 분리과세대상으로 구분한다.
③ 재산세의 과세대상 물건이 공부상 등재현황과 사실상의 현황이 다른 경우에는 공부상의 현황에 따라 재산세를 부과한다.
④ 주택 부속토지의 경계가 명백하지 아니한 경우 그 주택의 바닥면적의 20배에 해당하는 토지를 주택의 부속토지로 한다.
⑤ 재산세 과세대상인 건축물의 범위에는 주택을 포함한다.

03 **「지방세법」상 재산세 과세대상의 구분에 있어 주거용과 주거 외의 용도를 겸하는 건물 등에 관한 설명으로 옳은 것을 모두 고른 것은?**

> ㉠ 1동(棟)의 건물이 주거와 주거 외의 용도로 사용되고 있는 경우에는 주거용으로 사용되는 부분만을 주택으로 본다.
> ㉡ 1구(構)의 건물이 주거와 주거 외의 용도로 사용되고 있는 경우 주거용으로 사용되는 면적이 전체의 100분의 60인 경우에는 주택으로 본다.
> ㉢ 주택의 부속토지의 경계가 명백하지 아니한 경우에는 그 주택의 바닥면적의 10배에 해당하는 토지를 주택의 부속토지로 한다.

① ㉠　② ㉢
③ ㉠, ㉡　④ ㉡, ㉢
⑤ ㉠, ㉡, ㉢

Answer 01. ① 02. ① 03. ⑤

02 토지분 재산세 과세구분

1 0.07% 분리과세대상 토지

1. 농지(논, 밭, 과수원)

개 인	대부분	분리과세
	• 영농에 사용하지 않는 농지 • 주거 · 상업 · 공업지역 + 농지	종합합산
법인 및 단체	대부분	종합합산
	• 농업법인, 한국농어촌공사 • 사회복지사업자, 종중	분리과세

2. 목장용지

• 대부분	분리과세
• 기준면적 초과분 • 주거 · 상업 · 공업지역	종합합산

3. 공익 임야

• 스키장 또는 골프장용 임야	별도합산
• 「~~~법」+ 공익 및 보호 임야 • 종중 임야	분리과세

2 0.2% 분리과세대상 토지

(1) **공장용지**

• 군 지역 • 산업단지 • 공업지역	기준면적 이내 기준면적 초과	분리과세 종합합산
• 상업지역 • 주거지역	기준면적 이내 기준면적 초과	별도합산 종합합산

(2) **염전, 터미널 등**

3 4% 분리과세대상 토지 : 사치성 재산

4 별도합산과세대상 토지(3단계 초과누진세)

1. 분리과세대상 토지를 제외한 나머지 토지 중 건축물이 있는 부수토지

① 일반적인 경우	기준면적 이내	별도합산
	기준면적 초과	종합합산
② 2% 미달	바닥면적	별도합산
	바닥면적 외	종합합산
③ 허가 또는 승인받지 아니한		종합합산

2. 사업에 이용하는 토지

(1) 「여객자동차운수사업법」에 따라 면허를 받은 자가 조건에 따라 사용하는 차고용 토지

(2) 「도로교통법」에 따라 등록된 자동차운전학원용 토지

(3) 「도로교통법」에 따라 견인차를 보관하는 토지

(4) 스키장 및 골프장용 토지 중 원형이 보전되는 임야

5 종합합산과세대상 토지(3단계 초과누진세)

과세기준일 현재 납세의무자가 소유하고 있는 토지 중 별도합산과세대상 또는 분리과세대상이 되는 토지를 제외한 토지를 말한다.

필수 확인문제

01 「지방세법」상 토지에 대한 재산세를 부과함에 있어서 과세대상의 구분(종합합산과세대상, 별도합산과세대상, 분리과세대상)이 같은 것으로 묶인 것은?

> ㉠ 종중이 소유하고 있는 임야
> ㉡ 「체육시설의 설치·이용에 관한 법률 시행령」에 따른 스키장 및 골프장용 토지 중 원형이 보전되는 임야
> ㉢ 과세기준일 현재 염전으로 실제 사용하고 있는 토지
> ㉣ 「도로교통법」에 따라 등록된 자동차운전학원의 자동차운전학원용 토지로서 같은 법에서 정하는 시설을 갖춘 구역 안의 토지

① ㉠, ㉡ ② ㉡, ㉢
③ ㉡, ㉣ ④ ㉠, ㉡, ㉢
⑤ ㉠, ㉢, ㉣

02 「지방세법」상 재산세 과세대상 토지(비과세 또는 면제대상이 아님) 중 과세표준이 증가함에 따라 재산세 부담이 누진적으로 증가할 수 있는 것은?

① 과세기준일 현재 군 지역에서 실제 영농에 사용되고 있는 개인이 소유하고 있는 과수원
② 건축물 또는 주택이 사실상 철거·멸실된 날부터 6개월이 지나지 않은 건축물 또는 주택의 부속토지
③ 종중이 소유하고 있는 임야
④ 회원제 골프장용 토지로서 「체육시설의 설치·이용에 관한 법률」의 규정에 의한 등록대상이 되는 토지
⑤ 고급오락장으로 사용되는 건축물의 부속토지

03 「지방세법」상 재산세 종합합산과세대상 토지는?

① 「문화유산의 보존 및 활용에 관한 법률」에 따른 지정문화유산 안의 임야
② 국가가 국방상의 목적 외에는 그 사용 및 처분 등을 제한하는 공장 구내의 토지
③ 「건축법」 등 관계 법령에 따라 허가 등을 받아야 할 건축물로서 허가 등을 받지 아니한 공장용 건축물의 부속토지
④ 「자연공원법」에 따라 지정된 공원자연환경지구의 임야
⑤ 「개발제한구역의 지정 및 관리에 관한 특별조치법」에 따른 개발제한구역의 임야

04 「지방세법」상 분리과세대상 토지 중 재산세 표준세율이 <u>다른</u> 하나는?

① 과세기준일 현재 특별시 지역의 도시지역 안의 녹지지역에서 실제 영농에 사용되고 있는 개인이 소유하는 전(田)
② 관계 법령에 따른 사회복지사업자가 복지시설이 소비목적으로 사용할 수 있도록 하기 위하여 소유하는 농지
③ 「자연공원법」에 의하여 지정된 공원자연환경지구 안의 임야
④ 종중이 소유하고 있는 임야
⑤ 과세기준일 현재 계속 염전으로 사용하고 있는 토지

Answer 01. ③ 02. ② 03. ③ 04. ⑤

03 | 납세의무자

1 납세의무자

(1) **원칙**: 과세기준일 현재 재산을 사실상 소유하고 있는 자

(2) **공유재산**: 그 지분권자(지분의 표시가 없는 경우에는 지분은 균등한 것으로 본다)

(3) **주택의 건물과 부속토지의 소유자가 다를 경우**: 그 주택에 대한 산출세액을 건축물과 그 부속토지의 시가표준액 비율로 안분계산한 부분에 대해서는 그 소유자

(4) **체비지 또는 보류지**: 사업시행자

(5) **신탁재산**: 위탁자. 이 경우 위탁자가 신탁재산을 소유한 것으로 본다.

> **수탁자의 물적 납세의무**
> 신탁재산의 위탁자가 재산세 등을 체납한 경우로서 그 위탁자의 다른 재산에 대하여 체납처분을 하여도 징수할 금액에 미치지 못할 때에는 해당 신탁재산의 수탁자는 그 신탁재산으로써 위탁자의 재산세 등을 납부할 의무가 있다.

(6) **공부상의 소유자가 매매 등의 사유로 소유권이 변동되었는데도 신고하지 아니하여 사실상의 소유자를 알 수 없을 때**: 공부상 소유자

(7) **공부상에 개인 등의 명의로 등재되어 있는 사실상의 종중재산으로서 종중소유임을 신고하지 아니하였을 때**: 공부상 소유자

(8) **파산선고 이후 파산종결의 결정까지 파산재단에 속하는 재산의 경우**: 공부상 소유자

(9) **상속이 개시된 재산으로서 상속등기가 이행되지 아니하고 사실상의 소유자를 신고하지 아니하였을 때**: 주된 상속자(「민법」상 상속지분이 가장 높은 사람으로 하되, 상속지분이 가장 높은 사람이 두 명 이상이면 그 중 나이가 가장 많은 사람)

(10) **재산세 과세기준일 현재 소유권의 귀속이 분명하지 아니하여 사실상의 소유자를 확인할 수 없는 경우**: 그 사용자

(11) **국가, 지방자치단체, 지방자치단체조합과 재산세 과세대상 재산을 연부(年賦)로 매매계약을 체결하고 그 재산의 사용권을 무상으로 받은 경우**: 그 매수계약자

- 국가, 지방자치단체 및 지방자치단체조합이 선수금을 받아 조성하는 매매용 토지로서 사실상 조성이 완료된 토지의 사용권을 무상으로 받은 자는 재산세를 납부할 의무가 있다.

(12) **외국인 소유의 항공기 또는 선박을 임차하여 수입하는 경우**: 수입하는 자

2 신고의무

공부상 소유자, 주된 상속자, 신탁재산의 수탁자는 과세기준일부터 15일 이내에 그 소재지를 관할하는 지방자치단체의 장에게 그 사실을 알 수 있는 증거자료를 갖추어 신고하여야 한다.

필수 확인문제

01 「지방세법」상 재산세 납세의무에 관한 설명으로 옳은 것은?

① 재산세 과세기준일 현재 소유권의 귀속이 분명하지 아니하여 사실상의 소유자를 확인할 수 없는 경우 그 사용자가 재산세를 납부할 의무가 있다.
② 주택의 건물과 부속토지의 소유자가 다를 경우 그 주택에 대한 산출세액을 건축물과 그 부속토지의 면적 비율로 안분계산한 부분에 대하여 그 소유자를 납세의무자로 본다.
③ 국가가 선수금을 받아 조성하는 매매용 토지로서 사실상 조성이 완료된 토지와 사용권을 무상으로 받은 자는 재산세를 납부할 의무가 없다.
④ 상속이 개시된 재산으로서 상속등기가 이행되지 아니하고 사실상의 소유자를 신고하지 아니하였을 때에는 상속인 각자가 받았거나 받을 재산에 따라 재산세를 납부할 의무를 진다.
⑤ 공유재산인 경우 그 지분에 해당하는 부분에 대하여 그 지분권자를 납세의무자로 보되, 지분표시가 없는 경우 공유자 중 최연장자를 납세의무자로 본다.

02 지방세법령상 재산세 과세기준일 현재 납세의무자로 틀린 것은?

① 공부상에 개인 등의 명의로 등재되어 있는 사실상의 종중 재산으로서 종중소유임을 신고하지 아니하였을 경우: 종중
② 상속이 개시된 재산으로서 상속등기가 이행되지 아니하고 사실상의 소유자를 신고하지 아니하였을 경우: 행정안전부령이 정하는 주된 상속자
③ 「도시 및 주거환경정비법」에 따른 정비사업(재개발사업만 해당한다)의 시행에 따른 환지계획에서 일정한 토지를 환지로 정하지 아니하고 체비지로 정한 경우: 사업시행자
④ 「채무자 회생 및 파산에 관한 법률」에 따른 파산선고 이후 파산종결의 결정까지 파산재산에 속하는 재산의 경우: 공부상 소유자
⑤ 지방자치단체와 재산세 과세대상 재산을 연부(年賦)로 매매계약을 체결하고 그 재산의 사용권을 무상으로 받은 경우: 그 매수계약자

03 「지방세법」상 재산세 과세기준일 현재 납세의무자가 아닌 것을 모두 고른 것은?

> ㉠ 2025년 5월 25일에 재산세 과세대상 재산의 매매잔금을 수령하고 소유권이전등기를 한 매도인
> ㉡ 공유물 분할등기가 이루어지지 아니한 공유토지의 지분권자
> ㉢ 「신탁법」 제2조에 따른 수탁자의 명의로 등기 또는 등록된 신탁재산의 경우 그 수탁자
> ㉣ 도시환경정비사업시행에 따른 환지계획에서 일정한 토지를 환지로 정하지 아니하고 체비지로 정한 경우 종전 토지소유자

① ㉠, ㉢ ② ㉡, ㉣
③ ㉠, ㉡, ㉣ ④ ㉠, ㉢, ㉣
⑤ ㉡, ㉢, ㉣

Answer 01. ① 02. ① 03. ④

04 과세표준 및 세율

01 과세표준

토 지	시가표준액 × 70%
건축물	시가표준액 × 70%
주 택	시가표준액 × 60%
선 박	시가표준액
항공기	시가표준액

주택의 과세표준이 과세표준상한액보다 큰 경우에는 과세표준상한액을 과세표준으로 한다.

02 표준세율(100분의 50 범위에서 가감)

지방자치단체의 장은 특별한 재정수요나 재해 등의 발생으로 재산세의 세율 조정이 불가피하다고 인정되는 경우 조례로 정하는 바에 다라 표준세율의 100분의 50의 범위에서 가감할 수 있다. 다만, 가감한 세율은 해당 연도에만 적용한다.

과세대상		표준세율(±50%)
토 지	분리과세	비례세율(0.07%, 0.2%, 4%)
	별도합산	3단계 초과누진세(0.2%~0.4%)
	종합합산	3단계 초과누진세(0.2%~0.5%)
주택(고급주택 포함)		4단계 초과누진세(0.1%~0.4%)
건축물	일반	비례세율(0.25%)
	공장+주거·상업	비례세율(0.5%)
	골프장 고급오락장	비례세율(4%)
선 박	일반선박	비례세율(0.3%)
	고급선박	비례세율(5%)
항공기		비례세율(0.3%)

03 세율 적용방법

1 토 지

① 분리과세대상이 되는 해당 토지의 가액을 과세표준으로 하여 해당 세율을 적용한다.

② 납세의무자가 소유하고 있는 해당 지방자치단체 관할구역에 있는 별도합산과세대상 또는 종합합산과세대상이 되는 토지의 가액을 모두 합한 금액을 과세표준으로 하여 해당 세율을 적용한다.

2 주 택

① 주택에 대한 재산세는 주택별로 해당 세율을 적용한다.

② 주택을 2명 이상이 공동으로 소유하거나 토지와 건물의 소유자가 다를 경우 해당 주택에 대한 세율을 적용할 때 해당 주택의 토지와 건물의 가액을 합산한 과세표준에 해당 세율을 적용한다.

04 세부담 상한

토지와 건축물에 대한 재산세의 산출세액이 직전 연도의 해당 재산에 대한 재산세액 상당액의 100분의 150을 초과하는 경우에는 100분의 150에 해당하는 금액을 해당 연도에 징수할 세액으로 한다.

필수 확인문제

01 「지방세법」상 재산세의 과세표준과 세율에 관한 설명으로 옳은 것은?

① 주택(1세대 1주택은 아님)에 대한 과세표준은 주택 시가표준액에 100분의 70의 공정시장가액비율을 곱하여 산정한다.
② 주택이 아닌 건축물에 대한 과세표준은 건축물 시가인정액에 100분의 70의 공정시장가액비율을 곱하여 산정한다.
③ 토지에 대한 과세표준은 개별공시지가로 한다.
④ 고급오락장용 건축물에 대한 재산세의 세율은 1천분의 50이다.
⑤ 「수도권정비계획법」에 따른 과밀억제권역 외의 읍·면 지역의 공장용 건축물의 표준세율은 1천분의 2.5이다.

02 지방세법령상 재산세의 표준세율에 관한 설명으로 <u>틀린</u> 것은?

① 법령에서 정하는 고급선박 및 고급오락장용 건축물의 경우 고급선박의 표준세율이 고급오락장용 건축물의 표준세율보다 높다.
② 특별시 지역에서 「국토의 계획 및 이용에 관한 법률」과 그 밖의 관계 법령에 따라 지정된 주거지역 및 해당 지방자치단체의 조례로 정하는 지역의 대통령령으로 정하는 공장용 건축물의 표준세율은 과세표준의 1천분의 5이다.
③ 주택(법령으로 정하는 1세대 1주택 아님)의 경우 표준세율은 최저 1천분의 1에서 최고 1천분의 4까지 4단계 초과누진세율로 적용한다.
④ 항공기의 표준세율은 1천분의 3으로 법령에서 정하는 고급선박을 제외한 그 밖의 선박의 표준세율과 동일한다.
⑤ 지방자치단체의 장은 특별한 재정수요나 재해 등의 발생으로 재산세의 세율 조정이 불가피하다고 인정되는 경우 조례로 정하는 바에 따라 표준세율의 100분의 50의 범위에서 가감할 수 있다. 다만, 가감한 세율은 해당 연도를 포함하여 3년간 적용한다.

03 「지방세법」상 재산세에 관한 설명으로 옳은 것은?

① 특별시 지역에서 「국토의 계획 및 이용에 관한 법률」에 따라 지정된 주거지역의 대통령령으로 정하는 공장용 건축물의 표준세율은 초과누진세율이다.
② 법령에 따른 고급주택은 1천분의 40, 그 밖의 주택은 누진세율을 적용한다.
③ 주택의 토지와 건물 소유자가 다를 경우 해당 주택에 대한 세율을 적용할 때 해당 주택의 토지와 건물의 가액을 소유자별로 구분계산한 과세표준에 세율을 적용한다.
④ 납세의무자가 해당 지방자치단체 관할 구역에 2개 이상의 주택을 소유하고 있는 경우 그 주택의 가액을 모두 합한 금액을 과세표준으로 하여 주택의 세율을 적용한다.
⑤ 분리과세대상이 되는 토지에 대한 재산세는 해당 토지의 가액을 과세표준으로 하여 세율을 적용한다.

Answer 01. ⑤ 02. ⑤ 03. ⑤

05 | 납세절차

1 징수방법

(1) 재산세는 보통징수의 방법으로 부과·징수한다.

(2) 재산세를 징수하려면 늦어도 납기 개시 5일 전까지 발급하여야 한다.

(3) **고지서상 납부기간**

7.16. ~ 7.31.	건축물, 선박, 항공기, 주택 1/2
9.16. ~ 9.30.	토지, 주택 1/2

주택분 재산세로서 해당 연도에 부과할 세액이 20만원 이하인 경우에는 조례로 정하는 바에 따라 납기를 7월 16일부터 7월 31일까지로 하여 한꺼번에 부과·징수할 수 있다.

(4) 지방자치단체의 장은 수시부과하여야 할 사유가 발생하면 수시로 부과·징수할 수 있다.

(5) 고지서 1장당 재산세 세액이 2천원 미만인 경우에는 해당 재산세를 징수하지 아니한다.

2 분할납부, 물납, 납부유예

(1) **분할납부**

요 건	납부할 세액이 250만원 초과
기 간	납부기한이 지난 날부터 3개월 이내
분납금액	① 500만원 이하: 250만원 초과액 ② 500만원 초과: 그 세액의 100분의 50 이하 금액
신 청	납부기한까지 신청서 제출

(2) **물 납**

요 건	납부할 세액이 1천만원 초과
대 상	관할 구역 안에 소재하는 부동산
신 청	납부기한 10일 전까지 신청서 제출
허가여부 통지	신청을 받은 날로부터 5일 이내
허가통지	물납하면 납부한 것으로 본다.
불허가 통지	금전으로 납부 또는 불허가 통지를 받은 날부터 10일 이내 관할 구역 안에 소재하는 다른 부동산으로 변경신청 가능
평 가	과세기준일 현재의 시가

(3) **납부유예**

요 건	• 세대 1주택자 • 납부할 세액이 100만원 초과
신 청	납부기한 만료 3일 전까지 신청
취 소	• 해당 주택을 양도 또는 증여한 경우 • 사망하여 상속이 개시되는 경우

필수 확인문제

01 지방세법령상 재산세에 관한 설명으로 옳은 것은? (단, 주어진 조건 외에는 고려하지 않음)

① 재산세는 관할 지방자치단체의 장이 세액을 산정하여 특별징수의 방법으로 부과·징수한다.
② 수탁자 명의로 등기·등록된 신탁재산의 수탁자는 과세기준일부터 15일 이내에 그 소재지를 관할하는 지방자치단체의 장에게 그 사실을 알 수 있는 증거자료를 갖추어 신고하여야 한다.
③ 지방자치단체의 장은 재산세의 납부할 세액이 500만원 이하인 경우 200만원을 초과하는 금액을 납부기한이 지난 날부터 3개월 이내에 분할납부하게 할 수 있다.
④ 주택의 재산세로서 해당 연도에 부과할 세액이 20만원 이하인 경우에는 납기를 9월 16일부터 9월 30일까지로 하여 한꺼번에 부과·징수할 수 있다.
⑤ 지방자치단체의 장은 과세대상의 누락으로 이미 부과한 재산세액을 변경하여야 할 사유가 발생하여도 수시로 부과·징수할 수 없다.

02 「지방세법」상 재산세의 부과·징수에 관한 설명으로 <u>틀린</u> 것은? (단, 세액변경이나 수시부과 사유는 없음)

① 고지서 1장당 재산세로 징수할 세액이 2천원 미만인 경우에는 해당 재산세를 징수하지 아니한다.
② 재산세를 징수하려면 토지, 건축물, 주택, 선박 및 항공기로 구분한 납세고지서에 과세표준과 세액을 적어 늦어도 납기개시 5일 전까지 발급하여야 한다.
③ 재산세를 분할납부하려는 자는 재산세 납부기한가지 법령으로 정하는 신청서를 시장·군수·구청장에게 제출하여야 한다.
④ 토지의 재산세 납기는 매년 7월 16일부터 7월 31일까지이다.
⑤ 재산세를 물납하려는 자는 납부기한 10일 전까지 납세지를 관할하는 시장·군수·구청장에게 물납을 신청하여야 한다.

03 지방세법령상 재산세의 물납에 관한 설명으로 옳은 것을 모두 고른 것은?

㉠ 지방자치단체의 장은 재산세의 납부세액이 1천만원을 초과하는 경우에는 납세의무자의 신청을 받아 해당 지방자치단체의 관할구역에 있는 부동산에 대하여만 대통령령으로 정하는 바에 따라 물납을 허가할 수 있다. ㉡ 시장·군수·구청장은 법령에 따라 불허가 통지를 받은 납세의무자가 그 통지를 받은 날부터 10일 이내에 해당 시·군·구의 관할구역에 있는 부동산으로서 관리·처분이 가능한 다른 부동산으로 변경 신청하는 경우에는 변경하여 허가할 수 있다. ㉢ 물납을 허가하는 부동산의 가액은 물납 허가일 현재의 시가로 한다.

① ㉠　② ㉢
③ ㉠, ㉡　④ ㉡, ㉢
⑤ ㉠, ㉡, ㉢

Answer 01. ② 02. ④ 03. ③

06 | 비과세

1 국가 등이 소유한 재산

<table>
<tr><td colspan="2">국가, 지방자치단체, 지방자치단체조합, 주한국제기구의 소유 재산</td><td>비과세</td></tr>
<tr><td rowspan="2">외국 정부</td><td>원 칙</td><td>비과세</td></tr>
<tr><td>대한민국 정부기관에 대하여 과세하는 외국정부</td><td>과 세</td></tr>
</table>

2 국가 등이 사용하는 재산

국가 등이 1년 이상 공용 또는 공공용으로 사용하는 재산	비과세
• 유료로 사용하는 경우 • 소유권의 유상이전을 약정한 경우	과 세

3 임시건축물

임시건축물 + 존속기간 1년 미만	비과세
• 존속기간 1년 이상 • 사치성 재산으로 사용 • 부수토지	과 세

4 철거명령

철거명령을 받은 건축물 또는 주택	비과세
부수토지	과 세

5 도로 · 하천 · 제방 · 구거 · 유지 · 묘지

<table>
<tr><td rowspan="2">도 로</td><td>• 「도로법」상 도로
• 일반인의 자유로운 통행에 제공할 목적의 사설도로</td><td>비과세</td></tr>
<tr><td>• 휴게소 등 수익시설
• 유료로 사용하는 사설도로</td><td>과 세</td></tr>
<tr><td rowspan="2">하천 등</td><td>하천, 제방, 구거, 유지</td><td>비과세</td></tr>
<tr><td>특정인이 전용하는 제방</td><td>과 세</td></tr>
<tr><td colspan="2">묘 지</td><td>비과세</td></tr>
</table>

6 공익상 재산세를 부과하지 아니할 타당한 이유가 있는 토지

<table>
<tr><td rowspan="3">군사시설 보호구역</td><td colspan="2">제한보호구역</td><td>과 세</td></tr>
<tr><td rowspan="2">통제 보호구역</td><td>전 · 답 · 과수원 · 대지</td><td>과 세</td></tr>
<tr><td>그 외</td><td>비과세</td></tr>
<tr><td rowspan="2">자연 공원법</td><td colspan="2">공원자연환경지구</td><td>과 세</td></tr>
<tr><td colspan="2">공원자연보존지구</td><td>비과세</td></tr>
<tr><td colspan="3">채종림 · 시험림 · 백두대간보호구역의 임야</td><td>비과세</td></tr>
</table>

7 비상재해구조용 선박

비상재해구조용, 무료도선용, 선교 구성용 및 본선에 속하는 전마용 등으로 사용하는 선박은 재산세를 부과하지 아니한다.

필수 확인문제

01 **「지방세법」상 재산세에 관한 설명으로 옳은 것은?** (단, 주어진 조건 외에는 고려하지 않음)

① 「자연유산의 보존 및 활용에 관한 법률」에 따른 천연기념물 등 안의 임야에 대해서는 재산세를 부과하지 아니한다.
② 지방자치단체가 1년 이상 공용으로 사용하는 재산에 대하여는 소유권의 유상이전을 약정한 경우로서 그 재산을 취득하기 전에 미리 사용하는 경우 재산세를 부과하지 아니한다.
③ 임시로 사용하기 위하여 건축된 건축물로서 재산세 과세기준일 현재 1년 미만의 법령에 따른 고급오락장은 재산세를 부과하지 아니한다.
④ 일반인의 통행에 제공할 목적으로 개설한 유료의 사설도로에 대해서는 재산세를 부과하지 아니한다.
⑤ 무덤과 이에 접속된 부속시설물의 부지로 사용되는 토지로서 지적공부상 지목이 묘지인 토지에 대해서는 재산세를 부과하지 아니한다.

02 **「지방세법」상 재산세 비과세 대상에 해당하는 것은?** (단, 주어진 조건 외에는 고려하지 않음)

① 지방자치단체가 1년 이상 공용으로 사용하는 재산으로서 유료로 사용하는 재산
② 「한국농어촌공사 및 농지관리기금법」에 따라 설립된 한국농어촌공사가 같은 법에 따라 농가에 공급하기 위하여 소유하는 농지
③ 「공간정보의 구축 및 관리 등에 관한 법률」에 따른 제방으로서 특정인이 전용하는 제방
④ 「군사기지 및 군사시설 보호법」에 따른 군사기지 및 군사시설 보호구역 중 통제보호구역에 있는 전·답
⑤ 「산림자원의 조성 및 관리에 관한 법률」에 따라 지정된 채종림·시험림

03 **「지방세법」상 재산세의 비과세 대상이 <u>아닌</u> 것은?** (단, 아래의 답항별로 주어진 자료 외의 비과세 요건은 충족된 것으로 가정함)

① 임시로 사용하기 위하여 건축된 건축물로서 재산세 과세기준일 현재 1년 미만의 것
② 재산세를 부과하는 해당 연도에 철거하기로 계획이 확정되어 재산세 과세기준일 현재 행정관청으로부터 철거명령을 받은 주택과 그 부속토지인 대지
③ 농업용 구거와 자연유수의 배수처리에 제공하는 구거
④ 「군사기지 및 군사시설 보호법」에 따른 군사기지 및 군사시설 보호구역 중 통제보호구역에 있는 토지(단, 전·답·과수원 및 대지는 제외)
⑤ 일반인의 자유로운 통행을 위하여 제공할 목적으로 개설한 사설도로

Answer 01. ⑤ 02. ⑤ 03. ②

박문각 공인중개사

CHAPTER

05

종합부동산세

01 | 종합부동산세

01 과세대상

재산세 과세대상 중 토지(분리과세대상 토지는 제외)와 주택을 과세대상으로 한다.

구 분		재산세	종합부동산세
토 지	분리과세	○	×
	별도합산	○	○ (80억원 초과)
	종합합산	○	○ (5억원 초과)
주택 (고급주택 포함)		○	○
건축물		○	×
선 박		○	
항공기		○	

02 납세의무자

1 토 지

(1) 과세기준일 현재 토지분 재산세의 납세의무자로서 국내에 소재하는 해당 별도합산과세대상 토지의 공시가격을 합한 금액이 80억원을 초과하는 자는 종합부동산세를 납부할 의무가 있다.

(2) 과세기준일 현재 토지분 재산세의 납세의무자로서 국내에 소재하는 해당 종합합산과세대상 토지의 공시가격을 합한 금액이 5억원을 초과하는 자는 종합부동산세를 납부할 의무가 있다.

2 주 택

과세기준일 현재 주택분 재산세의 납세의무자는 종합부동산세를 납부할 의무가 있다.

03 과세표준

1 토 지

(1) **별도합산과세대상 토지**

납세의무자별로 해당 과세대상 토지의 공시가격을 합산한 금액에서 80억원을 공제한 금액에 공정시장가액비율(100분의 100)을 곱한 금액으로 한다.

(2) **종합합산과세대상 토지**

납세의무자별로 해당 과세대상 토지의 공시가격을 합산한 금액에서 5억원을 공제한 금액에 공정시장가액비율(100분의 100)을 곱한 금액으로 한다.

2 토지주택

납세의무자별로 주택의 공시가격을 합산한 금액에서 다음의 금액을 공제한 금액에 공정시장가액비율(100분의 60)을 곱한 금액으로 한다. 다만, 그 금액이 영(0)보다 작은 경우에는 영(0)으로 본다.

(1) **개 인**

① **일반적인 경우**: 9억원

② **1세대 1주택자**: 12억원

(2) **법인 또는 법인으로 보는 단체**: 0원

구 분	공정시장가액비율	
	재산세	종합부동산세
토 지	100분의 70	100분의 100
주택 (고급주택 포함)	100분의 60	100분의 60
건축물	100분의 70	-

04 과세표준 계산시 합산배제 주택

(1) 다음에 해당하는 주택은 주택분 과세표준 계산시 주택의 범위에 포함하지 아니한다.

① 법령이 정하는 임대주택

② 기숙사, 사원용 주택, 미분양 주택

③ 가정어린이집 주택

(2) 과세표준 계산시 합산배제되는 주택을 보유한 납세의무자는 해당 연도 9월 16일부터 9월 30일까지 납세지 관할세무서장에게 주택의 보유현황을 신고하여야 한다.

05 세 율

1 토 지

구 분	토지분 재산세와 종합부동산세의 세율	
	재산세	종합부동산세
분리과세	비례세율 (0.07%, 0.2%, 4%)	×
별도합산	3단계 초과누진세 (0.2%~0.4%)	3단계 초과누진세 (0.5%~0.7%)
종합합산	3단계 초과누진세 (0.2%~0.5%)	3단계 초과누진세 (1%~3%)

2 주 택

주택분 재산세와 종합부동산세 세율		
재산세	종합부동산세	
4단계 초과누진세 (0.1%~0.4%)	개 인	7단계 초과누진세 2주택 이하: 0.5%~2.7% 3주택 이상: 0.5%~5%
	법 인	비례세율 2주택 이하: 2.7% 3주택 이상: 5%

06 세액계산

과세표준 금액에 대하여 해당 과세대상 재산의 재산세로 부과된 다음의 세액은 종합부동산세액에서 이를 공제한다.

(1) 「지방세법」에 따라 가감조정된 세율이 적용된 경우에는 그 세율이 적용된 세액

(2) 「지방세법」에 따라 세부담 상한을 적용받은 경우에는 그 상한을 적용받은 세액

07 세부담 상한

1 토 지

(1) **별도합산과세대상 토지**: 100분의 150

(2) **종합합산과세대상 토지**: 100분의 150

2 주 택

(1) **개인**: 100분의 150

(2) **법인 또는 법인으로 보는 단체**: 없음

구 분	재산세와 종합부동산세의 상한		
	재산세	종합부동산세	
토 지	세부담 상한 (150%)	세부담 상한 (150%)	
주 택 (고급주택 포함)	과세표준상한 (5%)	개 인	세부담 상한 (150%)
		법 인	×
건축물	세부담상한 (150%)	×	
선 박	×		
항공기	×		

08 1세대 1주택 세액공제

(1) 주택분 종합부동산세 납세의무자가 1세대 1주택자에 해당하는 경우의 주택분 종합부동산세액은 산출된 세액에서 (2)와 (3)에 따른 1세대 1주택자에 대한 공제액을 공제한 금액으로 한다. 이 경우 공제율 합계 100분의 80의 범위에서 중복하여 적용할 수 있다.

(2) **연령별**(고령자) **세액공제**

① **만 60세 이상 65세 미만**: 100분의 20

② **만 65세 이상 70세 미만**: 100분의 30

③ **만 70세 이상**: 100분의 40

(3) **보유기간**(장기보유) **세액공제**

① **5년 이상 10년 미만 보유**: 100분의 20

② **10년 이상 15년 미만 보유**: 100분의 40

③ **15년 이상 보유**: 100분의 50

구 분	5년 미만	5년 이상	10년 이상	15년 이상
60세 미만	-	20%	40%	50%
60세 이상	20%	40%	60%	70%
65세 이상	30%	50%	70%	80%
70세 이상	40%	60%	80%	80%

09 1세대 1주택자로 보는 경우

(1) 다음 어느 하나에 해당하는 경우에는 1세대 1주택자로 본다.

① 1주택(주택의 부속토지만을 소유한 경우는 제외)과 다른 주택의 부속토지(주택의 건물과 부속토지의 소유자가 다른 경우의 그 부속토지를 말함)을 함께 소유하고 있는 경우

② 1세대 1주택자가 1주택을 양도하기 전에 다른 주택을 대체취득하여 일시적으로 2주택이 된 경우로서 과세기준일 현재 신규주택을 취득한 날부터 3년이 경과하지 않은 경우

③ 1주택과 법령이 정하는 상속주택을 함께 소유하고 있는 경우

④ 1주택과 법령이 정하는 지방 저가주택을 함께 소유하고 있는 경우

(2) ②, ③, ④에 해당하는 경우로서 1세대 1주택 특례를 적용받으려는 납세의무자는 해당 연도 9월 16일부터 9월 30일까지 관할세무서장에게 신청하여야 한다.

10 공동명의 1주택자의 특례

(1) 과세기준일 현재 세대원 중 1인이 그 배우자와 공동으로 1주택을 소유하고 해당 세대원 및 다른 세대원이 다른 주택을 소유하지 아니한 경우에는 배우자와 공동으로 1주택을 소유한 자 또는 그 배우자 중 법령이 정하는 자를 해당 1주택에 대한 납세의무자로 할 수 있다.

(2) 공동명의 1주택자 특례를 적용받으려는 납세의무자는 해당 연도 9월 16일부터 9월 30일까지 관할세무서장에게 신청하여야 한다.

11 납세지 – 개인

거주자	① 주소지 ② ①이 없는 경우에는 거소지
비거주자	① 국내 사업장 소재지 ② ①이 없는 경우에는 국내 원천소득이 발생하는 장소 ③ ①과 ②가 모두 없는 경우에는 주택 또는 토지 소재지

12 납세절차

(1) **과세기준일**: 6월 1일

(2) **징수방법**

① 관할 세무서장은 납부하여야 할 종합부동산세의 세액을 결정하여 해당 연도 12월 1일부터 12월 15일까지 부과·징수한다.

② 관할 세무서장은 종합부동산세를 징수하려면 납부고지서에 주택 및 토지로 구분한 과세표준과 세액을 기재하여 납부기간 개시 5일 전까지 발급하여야 한다.

③ 종합부동산세를 신고납부방식으로 납부하고자 하는 납세의무자는 종합부동산세의 과세표준과 세액을 해당 연도 12월 1일부터 12월 15일까지 관할 세무서장에게 신고하여야 한다. 이 경우 관할 세무서장의 결정은 없었던 것으로 본다.

④ 납세자에게 부정행위가 없으며 특례제척기간에 해당하지 않는 경우, 원칙적으로 납세의무 성립일부터 5년이 지나면 종합부동산세를 부과할 수 없다.

13 분할납부와 물납

(1) **분할납부**

① 관할 세무서장은 종합부동산세로 납부하여야 할 세액이 250만원을 초과하는 경우에는 그 세액의 일부를 납부기한이 지난 날부터 6개월 이내에 분납하게 할 수 있다.

② 납부고지서를 받은 자가 분납하려는 때에는 종합부동산세의 납부기한까지 신청서를 관할 세무서장에게 제출하여야 한다.

③ **분납가능금액**

㉠ 500만원 이하: 250만원 초과분

㉡ 500만원 초과: 해당 세액의 100분의 50 이하

(2) **물납**: 없음

14 납부유예

관할 세무서장은 다음의 요건을 모두 충족하는 납세의무자가 주택분 종합부동산세액의 납부유예를 그 납부기한 만료 3일 전까지 신청하는 경우 이를 허가할 수 있다.

(1) 과세기준일 현재 1세대 1주택자일 것

(2) 과세기준일 현재 만 60세 이상이거나 해당 주택을 5년 이상 보유하고 있을 것

(3) 일정한 소득기준을 충족할 것

(4) 해당 연도의 주택분 종합부동산세액이 100만원을 초과할 것

필수 확인문제

01 **「종합부동산세법」상 주택에 대한 과세 및 납세지에 관한 설명으로 옳은 것은?**

① 납세의무자가 법인이며 3주택 이상을 소유한 경우 소유한 주택 수에 따라 과세표준에 0.5% ~ 5%의 세율을 적용하여 계산한 금액을 주택분 종합부동산세액으로 한다.

② 납세의무자가 법인으로 보지 않는 단체인 경우 주택에 대한 종합부동산세 납세지는 해당 주택의 소재지로 한다.

③ 과세표준 합산의 대상에 포함되지 않는 주택을 보유한 납세의무자는 해당 연도 10월 16일부터 10월 31일까지 관할 세무서장에게 해당 주택의 보유현황을 신고하여야 한다.

④ 종합부동산세 과세대상 1세대 1주택자로서 과세기준일 현재 해당 주택을 12년 보유한 자의 보유기간별 세액공제에 적용되는 공제율은 100분의 50이다.

⑤ 과세기준일 현재 주택분 재산세의 납세의무자는 종합부동산세를 납부할 의무가 있다.

02 **종합부동산세법령상 주택에 대한 과세에 관한 설명으로 옳은 것은?**

① 「신탁법」 제2조에 따른 수탁자의 명의로 등기된 신탁주택의 경우에는 수탁자가 종합부동산세를 납부할 의무가 있으며, 이 경우 수탁자가 신탁주택을 소유한 것으로 본다.

② 법인이 2주택을 소유한 경우 종합부동산세의 세율은 1천분의 50을 적용한다.

③ 거주자 甲이 2024년부터 보유한 3주택(주택 수 계산에서 제외되는 주택은 없음) 중 2주택을 2025.6.17.에 양도하고 동시에 소유권이전등기를 한 경우, 甲의 2025년도 주택분 종합부동산세액은 3주택 이상을 소유한 경우의 세율을 적용하여 계산한다.

④ 신탁주택의 수탁자가 종합부동산세를 체납한 경우 그 수탁자의 다른 재산에 대하여 강제징수하여도 징수할 금액에 미치지 못할 때에는 해당 주택의 위탁자가 종합부동산세를 납부할 의무가 있다.

⑤ 공동명의 1주택자인 경우 주택에 대한 종합부동산세의 과세표준은 주택의 시가를 합산한 금액에서 11억원을 공제한 금액에 100분의 50을 한도로 공정시장가액비율을 곱한 금액으로 한다.

03 **종합부동산세법령상 토지에 대한 과세에 관한 설명으로 옳은 것은?**

① 토지분 재산세의 납세의무자로서 종합합산과세대상 토지의 공시가격을 합한 금액이 5억원인 자는 종합부동산세를 납부할 의무가 있다.

② 토지분 재산세의 납세의무자로서 별도합산과세대상 토지의 공시가격을 합한 금액이 80억원인 자는 종합부동산세를 납부할 의무가 있다.

③ 토지에 대한 종합부동산세는 종합합산과세대상, 별도합산과세대상 그리고 분리과세대상으로 구분하여 계산한다.

④ 종합합산과세대상인 토지에 대한 종합부동산세의 과세표준은 해당 토지의 공시가격을 합산한 금액에서 5억원을 공제한 금액에 100분의 50을 한도로 공정시장가액비율을 곱한 금액으로 한다.

⑤ 별도합산과세대상 토지의 과세표준 금액에 대하여 해당 과세대상 토지의 토지분 재산세로 부과된 세액(「지방세법」에 따라 가감조정된 세율이 적용된 경우에는 그 세율이 적용된 세액, 같은 법에 따라 세부담 상한을 적용받은 경우에는 그 상한을 적용받은 세액을 말한다)은 토지분 별도합산세액에서 이를 공제한다.

04 **토지분 종합부동산세에 관한 설명으로 옳은 것은?** (단, 감면과 비과세와 「지방세특례제한법」 또는 「조세특례제한법」은 고려하지 않음)

① 재산세 과세대상 중 분리과세대상 토지는 종합부동산세 과세대상이다.
② 종합부동산세의 분납은 허용되지 않는다.
③ 종합부동산세의 물납은 허용되지 않는다.
④ 납세자에게 부정행위가 없으며 특례제척기간에 해당하지 않는 경우 원칙적으로 납세의무 성립일부터 3년이 지나면 종합부동산세를 부과할 수 없다.
⑤ 별도합산과세대상인 토지의 재산세로 부과된 세액이 세부담 상한을 적용받는 경우 그 상한을 적용받기 전의 세액을 별도합산과세대상 토지분 종합부동산세액에서 공제한다.

05 **「종합부동산세법」상 토지 및 주택에 대한 과세와 부과·징수에 관한 설명으로 옳은 것은?**

① 종합합산과세대상인 토지에 대한 종합부동산세의 세액은 과세표준에 1% ~ 5%의 세율을 적용하여 계산한 금액으로 한다.
② 종합부동산세로 납부해야 할 세액이 200만원인 경우 관할 세무서장은 그 세액의 일부를 납부기한이 지난 날부터 6개월 이내에 분납하게 할 수 있다.
③ 관할 세무서장이 종합부동산세를 징수하려면 납부기간 개시 5일 전까지 주택분과 토지분을 합산한 과세표준과 세액을 납부고지서에 기재하여 발급하여야 한다.
④ 종합부동산세를 신고납부방식으로 납부하고자 하는 납세의무자는 종합부동산세의 과세표준과 세액을 해당 연도 12월 1일부터 12월 15일까지 관할 세무서장에게 신고하여야 한다.
⑤ 별도합산과세대상인 토지에 대한 종합부동산세의 세액은 과세표준에 0.5% ~ 0.8%의 세율을 적용하여 계산한 금액으로 한다.

06 **「종합부동산세법」상 종합부동산세에 관한 설명으로 <u>틀린</u> 것은?** (단, 감면 및 비과세와 「지방세특례제한법」 또는 「조세특례제한법」은 고려하지 않음)

① 종합부동산세의 과세기준일은 매년 6월 1일로 한다.
② 종합부동산세의 납세의무자가 비거주자인 개인으로서 국내 사업장이 없고 국내 원천소득이 발생하지 아니하는 1주택을 소유한 경우 그 주택 소재지를 납세지로 정한다.
③ 과세기준일 현재 토지분 재산세의 납세의무자로서 국내에 소재하는 종합합산과세대상 토지의 공시가격을 합한 금액이 5억원을 초과하는 자는 해당 토지에 대한 종합부동산세를 납부할 의무가 있다.
④ 종합합산과세대상 토지의 재산세로 부과된 세액이 세부담 상한을 적용받는 경우 그 상한을 적용받기 전의 세액을 종합합산과세대상 토지분 종합부동산세액에서 공제한다.
⑤ 관할 세무서장은 종합부동산세를 징수하고자 하는 때에는 납세고지서에 주택 및 토지로 구분한 과세표준과 세액을 기재하여 납부기간 개시 5일 전까지 발부하여야 한다.

Answer 01. ⑤ 02. ③ 03. ⑤ 04. ③ 05. ④ 06. ④

CHAPTER

06

일반 소득세

01 | 소득세 총론

01 소득 구분

소득세는 다음과 같이 구분한다.

이자소득	종합소득세	종합과세
배당소득		
사업소득		
근로소득		
연금소득		
기타소득		
퇴직소득	퇴직소득세	분류과세
양도소득	양도소득세	분류과세

02 납세의무자

(1) **거주자**: 국내에 주소를 두거나 183일 이상 거소를 둔 자를 말한다.

① **납세의무**: 국내소득과 국외소득 모두 과세

② **납세지**

㉠ 주소지

㉡ 단, 주소지가 없는 경우에는 거소지

(2) **비거주자**: 거주자 외의 자를 말한다.

① **납세의무**: 국내원천소득만 과세

② **납세지**

㉠ 국내 사업장 소재지

㉡ 국내 사업장이 없는 경우에는 국내 원천소득이 발생하는 장소

03 납세의무

(1) 공동으로 소유한 자산에 대한 양도소득금액을 계산하는 경우에는 해당 자산을 공동으로 소유하는 각 거주자가 납세의무를 진다.

(2) 피상속인의 소득금액에 대해서 과세하는 경우에는 그 상속인이 납세의무를 진다. 이 경우 피상속인의 소득금액에 대한 소득세로서 상속인에게 과세할 것과 상속인의 소득금액에 대한 소득세는 구분하여 계산한다.

(3) 신탁재산에 귀속되는 소득은 그 신탁의 이익을 받을 수익자(수익자가 사망한 경우에는 그 상속인)에게 귀속된 것으로 본다. 다만, 위탁자가 신탁재산을 실질적으로 통제하는 등 법령이 정하는 요건을 충족하는 신탁의 경우에는 위탁자에게 귀속되는 것으로 본다.

(4) 양도소득의 부당행위계산 규정에 따라 증여자가 자산을 직접 양도한 것으로 보는 경우, 그 양도소득에 대해서는 증여자와 증여받은 자가 연대하여 납세의무를 진다.

04 과세기간

(1) **일반적인 경우**: 1월 1일부터 12월 31일

(2) **거주자가 사망한 경우**: 1월 1일부터 사망한 날

(3) **거주자가 주소 또는 거소를 국외로 이전(출국)하여 비거주자가 되는 경우**: 1월 1일부터 출국한 날

MEMO

CHAPTER

07

종합소득세

01 | 부동산 임대 관련 사업소득

01 부동산 관련 사업소득의 범위

해당 과세기간에 발생한 다음의 소득은 사업소득으로 한다.

(1) 건설업에서 발생하는 소득

(2) 부동산업(부동산 또는 부동산상의 권리 등의 대여 포함)에서 발생하는 소득. 다만, 공익사업과 관련하여 지역권·지상권을 설정하거나 대여함으로써 발생하는 소득은 제외한다.

02 부동산임대 관련 사업소득

구 분		간주임대료		임대료	
주택 외		○		○	
주 택	1주택	×		×(비과세)	
				국외주택 고가주택	○
	2주택	×		○	
	3주택 이상	3억원 이하	×	○	
		3억원 초과	○	○	

1 보증금의 간주임대료

(1) **일반부동산**(상가 등): 과세 ○

> [(보증금 − 건설비) × 임대일수/365 × 정기예금이자율] − 수입이자와 할인료 및 배당금

(2) **주 택**

① **원칙**: 과세 ×

② **3주택 이상 보유 + 보증금 합계 3억원 초과**: 과세 ○

> [(보증금 − 3억원) × 임대일수/365 × 정기예금이자율 × 60%] − 수입이자와 할인료 및 배당금

2 임대료(월세)

(1) **일반부동산**(상가 등): 과세 ○

(2) **주 택**

① **원칙**: 과세 ○

② **1주택 임대**

㉠ 과세 ×(비과세)

㉡ 단, 국외주택과 고가주택은 과세 ○

3 비과세

(1) 논·밭을 작물 생산에 이용하게 함으로써 발생하는 소득

(2) 1개의 주택을 소유하는 자의 주택임대소득

> **다만, 다음의 경우에는 과세한다.**
> 1. 국외에 소재하는 주택
> 2. 과세기간 종료일 또는 양도일 현재 기준시가 12억원을 초과하는 주택(고가주택)

4 주택 수 판정

(1) 본인과 배우자가 각각 주택을 소유하는 경우에는 이를 합산한다.

(2) 임차 또는 전세받은 주택을 전대하거나 전전세하는 경우에는 당해 임차 또는 전세받은 주택을 임차인 또는 전세받은 자의 주택으로 계산한다.

(3) 다가구주택은 1개의 주택으로 보되, 구분등기된 경우에는 각각을 1개의 주택으로 계산한다.

(4) 공동소유하는 주택은 지분이 가장 큰 사람의 소유로 계산한다.

5 과세방법 및 납세절차

(1) **원칙**: 종합과세

해당 과세기간의 종합소득금액이 있는 거주자(종합소득과세표준이 없거나 결손금이 있는 거주자를 포함한다)는 그 종합소득 과세표준을 그 과세기간의 다음 연도 5월 1일부터 5월 31일까지 법령이 정하는 바에 다라 납세지 관할 세무서장에게 신고하여야 한다.

(2) **예외**: 선택적 분리과세

① 해당 과세기간에 주거용 건물임대업에서 발생하는 총수입금액의 합계액이 2천만원 이하인 경우에는 종합과세와 분리과세(14%) 중 하나를 선택하여 적용한다.

② 분리과세 주택임대소득에 대한 사업소득금액은 총수입금액에서 필요경비(총수입금액이 100분의 50으로 하며, 등록임대주택의 경우는 100분의 60으로 한다)을 차감한 금액으로 하되, 분리과세 주택임대소득을 제외한 해당 과세기간의 종합소득금액이 2천만원 이하인 경우에는 추가로 200만원(등록임대주택은 400만원)을 차감한 금액으로 한다.

- **미등록**: [(총수입 – 필요경비 50%) – 추가공제 200만원] × 14%
- **등록**: [(총수입 – 필요경비 60%) – 추가공제 400만원] × 14%

③ 해당 과세기간에 분리과세 주택임대소득이 있는 경우 그 과세기간의 다음 연도 5월 1일부터 5월 31일까지 법령이 정하는 바에 다라 납세지 관할 세무서장에게 신고하여야 한다.

(3) 사업소득에 부동산임대업에서 발생한 소득이 포함되어 있는 사업자는 그 소득별로 구분하여 회계처리하여야 한다.

6 결손금 공제

(1) 주거용 건물 임대업을 제외한 부동산임대업에서 발생한 결손금은 종합소득 과세표준을 계산할 때 공제하지 아니한다.

(2) 주거용 건물 임대업에서 발생하는 결손금은 종합소득 과세표준을 계산할 때 공제한다.

필수 확인문제

01 「소득세법」상 부동산임대업에서 발생한 소득에 관한 설명으로 틀린 것은?

① 임대한 과세기간 종료일 현재 기준시가가 15억원인 1주택을 임대하고 지급받은 소득은 사업소득으로 과세한다.

② 주택 1채만을 소유한 거주자가 과세기간 종료일 현재 기준시가 15억원인 해당 주택을 전세금을 받고 임대하여 얻은 소득은 소득세가 과세되지 아니한다.

③ 3주택(주택 수에 포함되지 않는 주택 제외) 이상을 소유한 거주자가 주택과 주택 부수토지를 임대(주택 부수토지만 임대하는 경우 제외)한 경우에는 보증금에 대한 간주임대료를 총수입금액에 산입한다.

④ 간주임대료 계산시 3주택 이상 여부 판정에 있어 주택 수에 포함되지 않는 주택이란 주거의 용도로만 쓰이는 면적이 1호 또는 1세대당 $40m^2$ 이하인 주택으로서 해당 과세기간의 기준시가 2억원 이하인 주택을 말한다.

⑤ 주택 2채를 소유한 거주자가 1채는 월세계약으로 나머지 1채는 전세계약의 형태로 임대한 경우, 월세계약에 의하여 받은 임대료에 대해서만 과세한다.

02 「소득세법」상 거주자의 부동산과 관련된 사업소득에 관한 설명으로 옳은 것은?

① 국외에 소재하는 주택의 임대소득은 주택 수에 관계없이 과세하지 아니한다.

② 주택임대로 인하여 발생하는 소득에 대한 비과세 여부를 판단함에 있어서 본인과 배우자가 각각 주택을 소유하는 경우, 이를 합산하지 아니하고 각각 소유주택을 기준으로 주택 수를 계산한다.

③ 부동산임대업에서 발생하는 사업소득의 납세지는 부동산 소재지로 한다.

④ 국내에 소재하는 논·밭을 작물생산에 이용하게 함으로써 발생하는 사업소득은 소득세를 과세하지 아니한다.

⑤ 임대보증금의 건주임대료를 계산하는 과정에서 금융수익을 차감할 때, 그 금융수익에는 수입이자와 할인액, 수입배당금, 유가증권처분이익으로 한다.

03 **소득세법령상 거주자의 부동산과 관련된 사업소득에 관한 설명으로 옳은 것은?**

① 해당 과세기간에 분리과세 주택임대소득이 있는 거주자(종합소득과세표준이 없거나 결손금이 있는 거주자 포함)는 그 종합소득 과세표준을 그 과세기간의 다음 연도 5월 1일부터 5월 31일까지 신고하여야 한다.

② 공장재단을 대여하는 사업은 부동산임대업에 해당하지 않는다.

③ 해당 과세기간의 주거용 건물 임대업을 제외한 부동산임대업에서 발생한 결손금은 그 과세기간의 종합소득과세표준을 계산할 때 공제한다.

④ 「공익사업을 위한 토지 등의 취득 및 보상에 관한 법률」 제4조에 따른 공익사업과 관련하여 지역권을 설정함으로써 발생하는 소득은 부동산업에서 발생하는 소득에 해당한다.

⑤ 사업소득에 부동산임대업에서 발생한 소득이 포함되어 있는 사업자는 그 소득별로 구분하지 않고 회계처리하여야 한다.

04 **소득세법령상 거주자의 소득세에 관한 설명으로 <u>틀린</u> 것은?**

① 해당 과세기간에 분리과세 주택임대소득이 있는 경우에는 확정신고를 하지 아니한다.

② 주거용 건물임대업을 포함한 부당산임대업에서 발생한 이월결손금(결손금을 다른 소득에서 공제하고 남은 금액을 말함)은 소급공제가 적용되지 아니한다.

③ 분할납부에 관한 규정은 종합소득, 퇴직소득은 물론 양도소득에 대한 소득세에도 적용하며, 확정신고시 자진납부할 세액은 물론 중간예납세액이나 예정신고세액에도 적용한다.

④ 피상속인의 소득금액에 대한 소득세로서 상속인에게 과세할 것과 상속인의 소득금액에 대한 소득세는 구분하여 계산하여야 한다.

⑤ 공동으로 소유한 자산에 대한 양도소득금액을 계산하는 경우에는 해당 자산을 공동으로 소유하는 각 거주자가 납세의무를 진다.

05 **거주자 甲이 소유하고 있는 주택의 2025년 임대 관련 자료이다. 甲의 소득세법령상 분리과세 주택임대소득에 대한 사업소득금액은?**

(1) 甲의 주택임대 현황

구분	임대 보증금	월 임대료	기준 시가	전용 면적	임대 기간
A	4억원	100만원	3억원	$50m^2$	24.1.1. ~ 25.12.31.
B	3억원	-	2억원	$45m^2$	25.1.1 .~ 25.12.31.
C	2억원	80만원	1억원	$40m^2$	25.3.1. ~ 25.12.31.

(2) 각 주택의 임대기간 중 A주택은 대통령령으로 정하는 등록임대주택에 해당하고, B주택과 C주택은 등록임대주택에 해당하지 않는다.
(3) 각 주택의 월임대료는 매월 말일에 수령하였다.
(4) 2025년 주택임대소득금액 외의 다른 종합소득금액은 18,000,000원이다.
(5) 기획재정부령으로 정하는 정기예금이자율은 연 3.5%이며 2025년은 366일이다.
(6) 주어진 자료 외의 다른 사항은 고려하지 않는다.

① 4,000,000원 ② 5,600,000원
③ 11,465,750원 ④ 20,000,000원
⑤ 31,739,340원

Answer 01. ③ 02. ④ 03. ① 04. ① 05. ②

CHAPTER

08

양도소득세

01 | 과세대상 및 양도의 범위

1 과세대상물

(1) **부동산**: 토지 또는 건물

(2) **부동산에 관한 권리**

① 지상권, 전세권 ↔ 지역권은 제외

② 등기된 부동산임차권

- 등기되지 않은 부동산임차권은 제외

③ **부동산을 취득할 수 있는 권리**

㉠ 당첨권, 분양권, 입주권 등

㉡ 토지상환채권, 주택상환채권

㉢ 계약금만 지급한 상태에서 양도하는 권리

㉣ 건물이 완성되는 때에 그 건물과 이에 딸린 토지를 취득할 수 있는 권리

(3) **기타 자산**

① 이용권·회원권, 그 밖에 그 명칭과 관계없이 시설물을 배타적으로 이용하거나 일반 이용자보다 유리한 조건으로 이용할 수 있는 시설물 이용권

② 사업에 사용하는 토지, 건물 및 부동산에 관한 권리와 함께 양도하는 영업권

- 영업권의 단독양도 또는 부동산등과 분리해서 양도하는 영업권은 제외

③ 부동산과 함께 양도하는 이축권으로서 해당 이축권 가액을 별도로 평가하여 신고하지 않는 경우

- 해당 이축권 가액을 별도로 평가하여 신고하는 경우는 제외

(4) 신탁수익권

(5) 주 식

(6) 파생상품

2 양도의 범위

'양도'란 자산에 대한 등기 또는 등록과 관계없이 매도, 교환, 법인에 대한 현물출자 등을 통하여 그 자산이 유상으로 사실상 이전하는 것을 말한다.

양도 ○	양도 ×
매매, 수용, 대물변제 현물출자, 물납	무상, 신탁(해지), 무효
부담부증여 + 채무액	부담부증여 + 채무 외
경매, 공매	경매 + 자기가 재취득
교 환	토지의 경계를 합리적으로 바꾸기 위한 교환
양도담보 + 채무불이행	양도담보
환지처분 + 감소분	환지처분
보류지 + 매각	보류지 + 충당
공유물 분할 + 감소분	공유물 분할
이혼 + 위자료	이혼 + 재산분할
배우자 또는 직계존비속 ① 대가를 지급한 사실이 입증 ② 등기를 필요로 하는 재산을 서로 교환 ③ 경매, 공매 ④ 파산선고로 인한 처분	배우자 또는 직계존비속

필수 확인문제

01 **소득세법령상 다음의 국내자산 중 양도소득세 과세대상에 해당하는 것을 모두 고른 것은?** (단, 비과세와 감면은 고려하지 않음)

> ㉠ 토지 및 건물과 함께 양도하는 「개발제한구역의 지정 및 관리에 관한 특별조치법」에 따른 이축권(해당 이축권 가액을 대통령령으로 정하는 방법에 따라 별도로 평가하여 신고하지 않음)
> ㉡ 조합원입주권
> ㉢ 지역권
> ㉣ 부동산매매계약을 체결한 자가 계약금만 지급한 상태에서 양도하는 권리

① ㉠, ㉢　② ㉡, ㉣
③ ㉠, ㉡, ㉣　④ ㉡, ㉢, ㉣
⑤ ㉠, ㉡, ㉢, ㉣

02 **「소득세법」상 양도소득세 과세대상이 <u>아닌</u> 것은?**

> ㉠ 「도시개발법」에 따라 토지의 일부가 보류지로 충당되는 경우
> ㉡ 지방자치단체가 발행하는 토지상환채권을 양도하는 경우
> ㉢ 이혼으로 인하여 혼인 중에 형성된 부부공동재산을 「민법」 제839조의2에 따라 재산분할하는 경우
> ㉣ 개인이 토지를 법인에 현물출자하는 경우
> ㉤ 주거용 건물 건설업자가 당초부터 판매할 목적으로 신축한 다가구주택을 양도하는 경우

① ㉠, ㉡, ㉢　② ㉠, ㉢, ㉤
③ ㉡, ㉢, ㉣　④ ㉡, ㉣, ㉤
⑤ ㉢, ㉣, ㉤

03 **「소득세법」상 거주자의 양도소득세 과세대상에 관한 설명으로 <u>틀린</u> 것은?** (단, 양도자산은 국내자산임)

① 무상이전에 따라 자산의 소유권이 변경된 경우에는 과세대상이 되지 아니한다.
② 비사업자가 공익사업과 관련하여 지상권을 양도함으로써 발생하는 소득은 양도소득이다.
③ 사업에 사용하는 토지 및 건물과 함께 양도하는 영업권은 과세대상이다.
④ 법인의 주식을 소유하는 것만으로 시설물을 배타적으로 이용하게 되는 경우 그 주식의 양도는 과세대상이다.
⑤ 등기되지 않은 부동산임차권의 양도는 과세대상이다.

04 **「소득세법」상 양도에 해당하는 것은?** (단, 거주자의 국내자산으로 가정함)

① 「도시개발법」이나 그 밖의 법률에 따라 환지처분으로 지목이 변경되는 경우
② 부담부증여시 그 증여가액 중 채무액에 해당하는 부분을 제외한 부분
③ 「소득세법 시행령」 제151조 제1항에 따른 양도담보 계약을 체결한 후 채무불이행으로 인하여 당해 자산을 변제에 충당한 때
④ 매매원인 무효의 소에 의하여 그 매매사실이 원인무효로 판시되어 소유권이 환원되는 경우
⑤ 본인 소유의 자산을 경매로 인하여 본인이 재취득한 경우

Answer 01. ③　02. ②　03. ⑤　04. ③

02 | 양도 및 취득시기

1 유상취득 및 양도

(1) **일반적인 경우**

① 대금을 청산한 날(단, 양도소득세를 양수인이 부담하기로 약정한 경우 해당 양도소득세는 대금의 범위에 포함되지 않는다)

② **대금을 청산한 날이 분명하지 아니한 경우**: 등기·등록접수일 또는 명의개서일

③ **대금을 청산하기 전에 소유권이전등기를 한 경우**: 등기접수일

(2) **수용**: 대금을 청산한 날, 수용의 개시일 또는 소유권이전등기접수일 중 빠른 날

(3) **장기할부**: 소유권이전등기접수일, 인도일 또는 사용수익일 중 빠른 날

2 무상취득

(1) **상속**: 상속이 개시된 날

세율 및 가업상속: 피상속인이 취득한 날

(2) **증여**: 증여를 받은 날

이월과세: 증여한 자가 취득한 날

3 자가건설

(1) **자기가 건설한 건축물**: 사용승인서교부. 다만, 사용승인서 교부일 전에 임시사용승인을 받거나 사실상 사용하는 경우에는 그 임시사용승인을 받은 날 또는 사실상의 사용일 중 빠른 날

(2) **건축허가를 받지 아니하고 건축하는 건축물**: 그 사실상의 사용일

4 완성 또는 확정되지 아니한 자산

완성 또는 확정되지 아니한 자산을 양도 또는 취득한 경우: 그 목적물이 완성 또는 확정된 날

5 환지처분

(1) **환지처분으로 취득한 토지**: 환지 전 토지 취득일

(2) **환지처분시 교부받은 토지의 면적이 환지처분에 의한 권리면적보다 증가 또는 감소된 경우**: 환지처분의 공고가 있는 날의 다음 날

6 점 유

「민법」 제245조 제1항의 규정에 의하여 부동산의 소유권을 취득하는 경우: 당해 부동산의 점유를 개시한 날

7 무효판결로 환원

부동산의 소유권이 타인에게 이전되었다가 법원의 무효판결에 의하여 해당 자산의 소유권이 환원된 경우: 당초 취득일

필수 확인문제

01 **「소득세법 시행령」 제162조에서 규정하는 양도 또는 취득의 시기에 관한 내용으로 틀린 것은?**

① 제1항 제4호: 자기가 건설한 건축물에 있어서 건축허가를 받지 아니하고 건축하는 건축물은 추후 사용승인 또는 임시사용승인을 받는 날
② 제1항 제3호: 기획재정부령이 정하는 장기할부조건의 경우에는 소유권이전등기(등록 및 명의개서를 포함)접수일·인도일 또는 사용수익일 중 빠른 날
③ 제1항 제2호: 대금을 청산하기 전에 소유권이전등기(등록 및 명의개서를 포함)를 한 경우에는 등기부·등록부 또는 명부 등에 기재된 등기접수일
④ 제1항 제5호: 상속에 의하여 취득한 자산에 대하여는 그 상속이 개시된 날
⑤ 제1항 제9호: 「도시개발법」에 따른 환지처분으로 교부받은 토지의 면적이 환지처분에 의한 권리면적보다 증가한 경우 그 증가된 면적의 토지에 대한 취득시기는 환지처분의 공고가 있는 날의 다음 날

02 **「소득세법」상 양도소득세 과세대상 자산의 양도 또는 취득의 시기로 틀린 것은?**

① 「도시개발법」에 따라 교부받은 토지의 면적이 환지처분에 의한 권리면적보다 증가 또는 감소된 경우: 환지처분의 공고가 있은 날
② 기획재정부령이 정하는 장기할부조건의 경우: 소유권이전등기(등록 및 명의개서를 포함) 접수일·인도일 또는 사용수익일 중 빠른 날
③ 건축허가를 받지 않고 자기가 건설한 건축물의 경우: 그 사실상의 사용일
④ 「민법」 제245조 제1항의 규정에 의하여 부동산의 소유권을 취득하는 경우: 당해 부동산의 점유를 개시한 날
⑤ 대금을 청산한 날이 분명하지 아니한 경우: 등기부·등록부 또는 명부 등에 기재된 등기·등록접수일 또는 명의개서일

03 **소득세법령상 양도소득세의 양도 또는 취득 시기에 관한 내용으로 틀린 것은?**

① 대금을 청산한 날이 분명하지 아니한 경우에는 등기부·등록부 또는 명부 등에 기재된 등기·등록접수일 또는 명의개서일
② 상속에 의하여 취득한 자산에 대하여는 그 상속이 개시된 날
③ 대금을 청산하기 전에 소유권이전등기를 한 경우에는 등기부에 기재된 등기접수일
④ 자기가 건설한 건축물로서 건축허가를 받지 아니하고 건축하는 건축물에 있어서는 그 사실상의 사용일
⑤ 완성되지 아니한 자산을 양도한 경우로서 해당 자산이 대금을 청산한 날까지 그 목적물이 완성되지 아니한 경우에는 해당 자산의 대금을 청산한 날

Answer
01. ① 02. ① 03. ⑤

03 | 비과세

1 비과세 종류

(1) 파산선고에 의한 처분으로 발생하는 소득

(2) 「지적재조사에 관한 특별법」에 따른 경계의 확정으로 지적공부상의 면적이 감소되어 지급받는 조정금

(3) 농지의 교환 또는 분합으로 발생하는 소득

(4) 1세대 1주택 양도로 발생하는 소득

2 농지의 교환 또는 분합

(1) **비과세 요건**: 교환 또는 분합하는 쌍방 토지가액의 차액이 가액이 큰 편의 4분의 1 이하

(2) **교환 요건**

① 국가 또는 지방자치단체가 시행하는 사업으로 인하여 교환 또는 분합하는 농지

② 국가 또는 지방자치단체가 소유하는 토지와 교환 또는 분합하는 농지

③ 경작상 필요에 의하여 교환하는 농지. 다만, 교환에 의하여 새로이 취득하는 농지를 3년 이상 농지 소재지에서 거주하면서 경작하는 경우에 한한다.

3 1세대 1주택 양도

양도일(주택의 매매계약을 체결한 후 해당 계약에 따라 주택 외의 용도로 변경하여 양도하는 경우에는 해당 주택의 매매계약일을 말한다) 현재 국내에 다음의 요건을 모두 충족하는 주택을 양도하는 경우에는 양도소득세를 비과세한다.

(1) 1세대

(2) 1주택(미등기, 국외주택, 고가주택 제외)

(3) 2년 이상 보유(조정대상지역은 2년 이상 거주)

4 1세대

(1) 1세대란 거주자 및 그 배우자(법률상 이혼을 하였으나 생계를 같이하는 등 사실상 이혼한 것으로 보기 어려운 관계에 있는 사람을 포함한다)가 그들과 같은 주소 또는 거소에서 생계를 같이하는 자와 함께 구성하는 가족단위를 말한다.

(2) 부부가 각각 단독세대를 구성하거나 가정불화로 별거 중인 경우 항상 동일한 세대로 본다.

(3) 다음의 경우에는 배우자가 없는 경우에도 1세대로 본다.

① 해당 거주자의 나이가 30세 이상인 경우

② 배우자가 사망하거나 이혼한 경우

③ 소득이 기준중위소득의 100분의 40 이상으로서 소유하고 있는 주택을 관리·유지하면서 독립된 생계를 유지할 수 있는 경우

5 1주택

(1) **사실상 현황으로 판단**

① 공부상 2주택이더라도 사실상 1주택임이 확인되면 1주택으로 본다.

② 공부상 주택을 영업용 건물로 사용하다가 양도하는 경우 주택으로 보지 아니한다.

(2) **주택 수 판단**

① **국외 소재 주택**: 포함 ×

② **분양권 및 조합원입주권**: 포함 ○

(3) 1주택을 여러 사람이 공동으로 소유한 경우 특별한 규정이 있는 것 외에는 공동 소유자 각자가 그 주택을 소유한 것으로 본다.

(4) **다가구주택**

① 다가구주택은 한 가구가 독립하여 거주할 수 있도록 구획된 부분을 각각 하나의 주택으로 본다.

② 해당 다가구주택을 구획된 부분별로 양도하지 아니하고 하나의 매매단위로 하여 양도하는 경우에는 그 전체를 하나의 주택으로 본다.

(5) **하나의 건물이 주택과 주택 외의 부분으로 복합되어 있는 경우**(겸용주택)

① 주택의 연면적이 주택 외의 연면적보다 클 때에는 그 전부를 주택으로 본다.

② 주택의 연면적이 주택 외의 연면적보다 적거나 같을 때에는 주택 외의 부분은 주택으로 보지 아니한다.

구 분	주택 부분	주택 외 부분
주택 ≤ 주택 외	주택	×
주택 > 주택 외	주택	주택

(6) **주택 부수토지 판단**: 주택에 딸린 토지는 건물이 정착된 면적에 다음의 배율을 곱한 면적 이내의 토지까지 주택과 함께 비과세된다.

① **도시지역 내의 토지**

㉠ 수도권 + 주거 · 상업 · 공업지역: 3배

㉡ ㉠ 외의 지역: 5배

② **도시지역 밖의 토지**: 10배

(7) **같은 날에 양도**: 2개 이상의 주택을 같은 날에 양도하는 경우에는 당해 거주자가 선택하는 순서에 따라 주택을 양도한 것으로 본다.

6 2주택 특례

다음의 경우에는 1세대 1주택으로 본다.

(1) **일시적으로 2주택이 된 경우**: 종전주택을 취득한 날부터 1년 이상이 지난 후 신규주택을 취득하고 신규주택을 취득한 날부터 3년 이내에 종전주택을 양도하는 경우

(2) **혼인으로 인하여 2주택이 된 경우**: 혼인한 날부터 10년 이내에 먼저 양도하는 주택

(3) **60세 이상의 직계존속을 동거봉양하기 위하여 세대를 합침으로써 2주택이 된 경우**: 합친 날부터 10년 이내에 먼저 양도하는 주택

(4) **상속받은 주택과 일반주택**(상속개시 당시 보유한 주택)**을 국내에 각각 1개씩 소유하고 있는 경우**: 일반주택을 양도

(5) **농어촌주택**(읍 · 면지역에 소재하는 상속주택, 이농주택, 귀농주택)**과 일반주택을 국내에 각각 1개씩 소유하고 있는 경우**: 일반주택을 양도(단, 귀농주택은 그 주택을 취득한 날부터 5년 이내에 일반주택을 양도한 경우에 한함)

(6) **문화유산 또는 천연기념물 등에 해당하는 주택과 일반주택을 국내에 각각 1개씩 소유하고 있는 경우**: 일반주택을 양도

(7) **취학, 근무상의 형편, 질병의 요양, 그 밖의 부득이한 사유로 취득한 수도권 밖에 소재하는 주택과 일반주택을 국내에 각각 1개씩 소유하고 있는 경우**: 부득이한 사유가 해소된 날부터 3년 이내에 일반주택을 양도

7 보유기간 및 거주기간

(1) 비과세 요건

① 2년 이상 보유하여야 한다. 다만, 취득당시 조정대상지역에 소재하는 주택은 보유기간이 2년 이상이어야 하고 그 보유기간 중에 거주한 기간이 2년 이상이어야 한다.

② 보유기간은 취득일부터 양도일까지로 한다.다만, 주택이 아닌 건물을 사실상 주거용으로 사용하는 경우 그 보유기간은 해당 자산을 사실상 주거용으로 사용한 날부터 양도한 날까지로 한다.

③ 거주기간은 주민등록표 등본에 따른 전입일부터 전출일까지로 한다. 다만, 취득 당시에 조정대상지역에 있는 주택으로서 공동상속주택인 경우 거주기간은 해당 주택에 거주한 공동상속인 중 그 거주기간이 가장 긴 사람이 거주한 기간으로 판단한다.

(2) 특 례

다음의 경우에는 그 보유기간 및 거주기간의 제한을 받지 아니한다.

① 건설임대주택 또는 공공매입임대주택을 취득하여 양도하는 경우로서 해당 임대주택의 임차일부터 양도일까지의 기간 중 세대 전원이 거주한 기간이 5년 이상인 경우

② 1년 이상 거주한 주택을 취학, 근무상의 형편, 질병의 요양, 그 밖에 부득이한 사유로 양도하는 경우로서 세대의 구성원 중 일부 또는 세대 전원이 다른 시·군으로 주거를 이전하는 경우

③ 주택 및 그 부수토지의 전부 또는 일부가 협의매수·수용 및 그 밖의 법률에 의하여 수용되는 경우(양도일 또는 수용일부터 5년 이내에 양도하는 잔존주택 및 그 부수토지를 포함한다)

④ 출국일 현재 1주택을 보유하고 있는 경우로서 출국일부터 2년 이내에 양도하는 경우

㉠ 해외이주로 세대전원이 출국하는 경우

㉡ 1년 이상 계속하여 국외거주를 필요로 하는 취학 또는 근무상의 형편으로 세대 전원이 출국하는 경우

04 | 비과세 배제

1 미등기

(1) **비과세 배제**

(2) **등기로 보는 경우**: 비과세 가능

① 장기할부조건으로 취득한 자산으로서 그 계약조건에 의하여 양도 당시 그 자산의 취득에 관한 등기가 불가능한 자산

② 법률의 규정 또는 법원의 결정에 의하여 양도 당시 그 자산의 취득에 관한 등기가 불가능한 자산

③ 비과세대상인 1세대 1주택으로서 건축허가를 받지 아니하여 등기가 불가능한 자산

④ 「도시개발법」에 따른 도시개발사업이 종료되지 아니하여 토지 취득등기를 하지 아니하고 양도하는 토지

⑤ 건설업자가 「도시개발법」에 따라 공사용역 대가로 취득한 체비지를 토지구획 환지처분 공고 전에 양도하는 토지

⑥ 비과세 또는 감면 요건을 충족한 농지

2 고가주택

(1) **의의**: 고가주택이란 주택 및 이에 딸린 토지의 양도 당시의 실지거래가액의 합계액이 12억원을 초과하는 것을 말한다.

(2) **고가주택 범위**

① 단독주택으로 보는 다가구주택의 경우에는 그 전체를 하나의 주택으로 보아 고가주택여부를 판단한다.

② 고가주택의 실지거래가액을 계산하는 경우 겸용주택은 주택으로 보는 부분에 해당하는 실지거래가액을 포함한다.

(3) **양도차익 및 장기보유특별공제액 계산**: 양도가액(실지거래가액) 중 12억원까지는 비과세되며, 12억원 초과분은 과세한다.

① **고가주택의 양도차익**

$$\text{양도차익} \times \frac{(\text{양도가액} - 12\text{억원})}{\text{양도가액}}$$

② **고가주택의 장기보유특별공제**

$$\text{장기보유특별공제액} \times \frac{(\text{양도가액} - 12\text{억원})}{\text{양도가액}}$$

3 허위계약

토지, 건물 및 부동산에 관한 권리를 매매하는 거래당사자가 매매계약서의 거래가액을 실지거래가액과 다르게 적은 경우에는 해당 자산에 대하여 양도소득세의 비과세에 관한 규정을 적용할 때 비과세 받았거나 받을 세액에서 다음의 금액 중 적은 금액을 뺀다.

(1) 비과세에 관한 규정을 적용하지 아니하였을 경우의 양도소득 산출세액

(2) 매매계약서의 거래가액과 실지거래가액과의 차액

필수 확인문제

01 소득세법령상 거주자의 양도소득세 비과세에 관한 설명으로 틀린 것은?

① 파산선고에 의한 처분으로 발생하는 소득은 비과세된다.
② 「지적재조사에 관한 특별법」에 따른 경계의 확정으로 지적공부상의 면적이 감소되어 같은 법에 따라 지급받는 조정금은 비과세된다.
③ 건설사업자가 「도시개발법」에 따라 공사용역 대가로 취득한 체비지를 토지구획환지처분공고 전에 양도하는 토지는 양도소득세 비과세가 배제되는 미등기양도자산에 해당하지 않는다.
④ 「도시개발법」에 따른 도시개발사업이 종료되지 아니하여 토지 취득등기를 하지 아니하고 양도하는 토지는 양도소득세 비과세가 배제되는 미등기양도자산에 해당하지 않는다.
⑤ 국가가 소유하는 토지와 분합하는 농지로서 분합하는 쌍방 토지가액의 차액이 가액이 큰 편의 4분의 1을 초과하는 경우 분합으로 발생하는 소득은 비과세된다.

02 「소득세법」상 1세대 1주택(고가주택 제외) **비과세 규정에 관한 설명으로 틀린 것은?** (단, 거주자의 국내 소재 주택을 가정)

① 1세대 1주택 비과세규정을 적용하는 부부가 각각 세대를 달리 구성하는 경우에는 동일한 세대로 본다.
② 「해외이주법」에 따른 해외이주로 세대 전원이 출국하는 경우 출국일 현재 1주택을 보유하고 있고 출국일로부터 2년 이내에 당해 주택을 양도하는 경우 보유기간 요건을 충족하지 않더라도 비과세한다.
③ 1주택을 보유하는 자가 1주택을 보유하는 자와 혼인함으로써 1세대 2주택을 보유하게 되는 경우 혼인한 날부터 10년 이내에 먼저 양도하는 주택(보유기간 및 거주기간의 요건은 충족)은 비과세한다.
④ 「건축법 시행령」 별표 1 제1호 다목에 해당하는 다가구주택은 해당 다가구주택을 구획된 부분별로 분양하지 아니하고 하나의 매매단위로 하여 양도하는 경우 그 구획된 부분을 각각 하나의 주택으로 본다.
⑤ 「민간임대주택에 관한 특별법」에 따른 민간건설임대주택을 취득하여 양도하는 경우로서 해당 건설임대주택의 임차일부터 해당 주택의 양도일까지의 기간 중 세대 전원이 거주한 기간이 5년 이상인 경우 보유기간 요건을 충족하지 않더라도 비과세한다.

03 「소득세법」상 거주자의 양도소득세 비과세에 관한 설명으로 옳은 것은?

① 국내에 1주택만을 보유하고 있는 1세대가 해외이주로 세대 전원이 출국하는 경우 출국일로부터 3년이 되는 날 해당 주택을 양도하면 비과세된다.
② 법원의 결정에 의하여 양도 당시 취득에 관한 등기가 불가능한 미등기주택은 양도소득세 비과세가 배제되는 미등기 양도자산에 해당하지 않는다.
③ 직장의 변경으로 세대 전원이 다른 시로 주거를 이전하는 경우 6개월간 거주한 1주택을 양도하면 비과세된다.
④ 양도 당시 실지거래가액이 15억원인 1세대 1주택의 양도로 발생하는 양도차익 전부가 비과세된다.
⑤ 농지를 교환할 때 쌍방 토지가액의 차액이 가액이 큰 편의 3분의 1인 경우 발생하는 소득은 비과세된다.

04 다음은 「소득세법 시행령」 제155조 '1세대 1주택의 특례'에 관한 조문의 내용이다. (　　)에 들어갈 법령상의 숫자를 순서대로 옳게 나열한 것은?

> • 1주택을 보유하는 자가 1주택을 보유하는 자와 혼인함으로써 1세대가 2주택을 보유하게 되는 경우 혼인한 날부터 (　　)년 이내에 먼저 양도하는 주택은 이를 1세대 1주택으로 보아 제154조 제1항을 적용한다.
> • 1주택을 보유하고 1세대를 구성하는 자가 1주택을 보유하고 있는 (　　)세 이상의 직계존속(배우자의 직계존속을 포함하며, 직계존속 중 어느 한 사람이 (　　)세 미만인 경우를 포함)을 동거봉양하기 위하여 세대를 합침으로써 1세대가 2주택을 보유하게 되는 경우 합친 날부터 (　　)년 이내에 먼저 양도하는 주택은 이를 1세대 1주택으로 보아 제154조 제1항을 적용한다.
> • 영농의 목적으로 취득한 귀농주택으로서 수도권 밖의 지역 중 면지역에 소재하는 주택과 일반주택을 국내에 각각 1개씩 소유하고 있는 1세대가 귀농주택을 취득한 날부터 (　　)년 이내에 일반주택을 양도하는 경우에는 국내에 1개의 주택을 소유하고 있는 것으로 보아 제154조 제1항을 적용한다.
> • 취학 등 부득이한 사유로 취득한 수도권 밖에 소재하는 주택과 일반주택을 국내에 각각 1개씩 소유하고 있는 1세대가 부득이한 사유가 해소된 날부터 (　　)년 이내에 일반주택을 양도하는 경우에는 국내에 1개의 주택을 소유하고 있는 것으로 보아 제154조 제1항을 적용한다.

① 5, 55, 60, 5, 2, 2
② 10, 60, 60, 5, 2, 3
③ 1, 60, 55, 10, 3, 2
④ 5, 55, 55, 10, 5, 3
⑤ 10, 60, 60, 10, 5, 3

05 소득세법령상 거주자의 국내자산 양도에 대한 양도소득세의 비과세에 관한 설명으로 옳은 것은?

① 사업인정고시일 전에 취득한 주택(1세대 1주택임) 및 그 부수토지의 일부가 「공익사업을 위한 취득 및 보상에 관한 법률」에 의하여 수용되는 경우 그 수용일부터 10년 이내에 양도하는 잔존주택 및 그 부수토지는 비과세된다.
② 토지를 매매하는 거래당사자가 매매계약서의 거래가액을 실지거래가액과 다르게 적은 경우에는 해당 자산에 대하여 「소득세법」에 따른 양도소득세의 비과세에 관한 규정을 적용할 때, 비과세 받을 세액에서 '비과세에 관한 규정을 적용하지 아니하였을 경우의 양도소득 산출세액'과 '매매계약서의 거래가액과 실지거래가액과의 차액' 중 큰 금액을 뺀다.
③ 사업상의 형편으로 인하여 세대전원이 다른 시·군으로 주거를 이전하게 되어 6개월 거주한 주택을 양도하는 경우 보유기간 및 거주기간의 제한을 받지 아니하고 양도소득세가 비과세된다.
④ 취득 당시에 조정대상지역에 있는 주택으로서 공동상속주택인 경우 거주기간은 해당 주택에 거주한 공동상속인 중 그 거주기간이 가장 긴 사람이 거주한 기간으로 판단한다.
⑤ 상속받은 주택과 상속개시 당시 보유한 일반주택을 국내에 각각 1개씩 소유한 1세대가 상속받은 주택을 양도하는 경우에는 국내에 1개의 주택을 소유하고 있는 것으로 보아 1세대 1주택 비과세 규정을 적용한다.

Answer 01. ⑤　02. ④　03. ②　04. ⑤　05. ④

05 | 계산구조 및 양도차익 산정

1 계산구조

	양도가액	• 총수입금액
−	필요경비	• 취득가액 • 자본적 지출액 • 양도비 • 필요경비개산공제액
=	양도차익	
−	장기보유특별공제	• 국내 • 토지, 건물, 입주권 • 3년 이상 보유
=	양도소득금액	
−	양도소득기본공제	• 소득별 각 연 250만원
=	양도소득과세표준	
×	세율	• 6~45%, 16~55% • 40%, 50%, 60%, 70%
=	양도소득 산출세액	
−	감면세액	
=	양도소득 결정세액	
+	가산세	• 10%, 20%, 40% • 가액의 5%
=	양도소득 총결정세액	

2 양도차익 산정

양도차익은 양도가액(총수입금액)에서 필요경비를 공제한 금액으로 한다.

1. 양도가액 및 취득가액 산정

(1) **원칙**: 실지거래가액

양도가액 또는 취득가액은 해당 자산의 양도 또는 취득 당시의 양도자와 양수가 간에 실제로 거래한 가액에 따른다.

양수인이 부담하는 양도소득세는 양도가액에 포함한다.

(2) **예외**: 추계방법

양도 당시 또는 취득 당시의 실지거래가액을 인정 또는 확인할 수 없는 경우에는 다음의 추계방법을 순차적으로 적용한 금액으로 한다.

① **양도가액**: 매매사례가액 ⇨ 감정가액 ⇨ 기준시가

② **취득가액**: 매매사례가액 ⇨ 감정가액 ⇨ 환산취득가액 또는 기준시가

> • 매매사례가액: 양도일 또는 취득일 전후 3개월 이내에 유사한 매매사례가액을 말한다.
> • 감정가액: 양도일 또는 취득일 전후 3개월 이내에 둘 이상의 감정평가업자가 평가한 것으로 그 감정가액의 평균액을 말한다.

(3) 양도차익을 계산할 때 양도가액을 실지거래가액, 매매사례가액, 감정가액에 따를 때에는 취득가액도 실지거래가액, 매매사례가액, 감정가액, 환산취득가액에 따르고, 양도가액을 기준시가에 따를 때에는 취득가액도 기준시가에 따른다.

필수 확인문제

01 **소득세법령상 거주자의 양도소득세에 관한 설명으로 틀린 것은?** (단, 국내 소재 자산을 양도한 경우임)

① 양도소득에 대한 과세표준은 종합소득 및 퇴직소득에 대한 과세표준과 구분하여 계산한다.
② 양도소득의 총수입금액은 양도가액으로 한다.
③ 양도소득금액 계산시 가장 나중에 공제되는 것은 양도소득기본공제액이다.
④ 양도소득 결정세액은 양도소득 산출세액에서 감면되는 세액이 있을 때에는 이를 공제하여 계산한다.
⑤ 공동으로 소유한 자산에 대한 양도소득금액을 계산하는 경우에는 해당 자산을 공동으로 소유하는 각 거주자가 납세의무를 진다.

02 **「소득세법」상 토지의 양도차익 계산에 관한 설명으로 틀린 것은?** (단, 특수관계인과의 거래가 아님)

① 취득 당시 실지거래가액을 확인할 수 없는 경우에는 매매사례가액, 환산취득가액, 감정가액, 기준시가를 순차로 적용하여 산정한 가액을 취득가액으로 한다.
② 양도와 취득시의 실지거래가액을 확인할 수 있는 경우에는 양도가액과 취득가액을 실지거래가액으로 산정한다.
③ 취득가액을 실지거래가액으로 계산하는 경우 자본적 지출액(지출에 관한 증명서류를 수취·보관함)은 필요경비에 포함된다.
④ 취득가액을 매매사례가액으로 계산하는 경우 취득 당시 개별공시지가에 100분의 3을 곱한 금액이 필요경비에 포함된다.
⑤ 양도가액을 기준시가에 따를 때에는 취득가액도 기준시가에 따른다.

03 **거주자가 국내에 소재하는 등기된 부동산을 양도하는 경우, 「소득세법」상 양도차익 계산에 관한 설명으로 옳은 것은?** (단, 특수관계자와의 거래가 아님)

① 양도가액을 매매사례가액으로 하는 경우 취득가액은 실지거래가액이 확인되더라도 매매사례가액으로 한다.
② 취득가액을 기준시가에 따를 때에는 양도가액도 기준시가에 따른다.
③ 특수관계인 간의 거래가 아닌 경우로서 양도 당시 실지거래가액을 인정 또는 확인할 수 없어 그 가액을 추계결정 또는 경정하는 경우에는 매매사례가액, 감정가액, 환산양도가액 또는 기준시가의 순서에 따라 적용한 가액에 따른다.
④ 취득가액을 감정가액으로 계산하는 경우에는 그 감정가액에 100분의 3을 곱한 금액이 필요경비에 포함된다.
⑤ 특수관계인에 해당하는 법인에 양도한 경우로서 해당 거주자의 상여·배당 등으로 처분된 금액이 있는 경우에는 「법인세법」 제52조에 따른 시가를 해당 자산의 양도 당시의 실지거래가액으로 본다.

Answer 01. ③ 02. ① 03. ⑤

06 | 필요경비

1 실지거래가액으로 계산하는 경우

취득가액 + 자본적 지출액 등 + 양도비 등

1. 취득가액: 취득에 든 실지거래가액을 말한다.

(1) 취득가액 계산시 포함

① 취득세·등록면허세 기타 부대비용(법무사비용, 컨설팅비용, 중개보수 등)

② 당사자 약정에 의한 대금지급방법에 따라 취득원가에 이자상당액을 가산하여 거래가액을 확정하는 경우 당해 이자상당액

다음의 것은 취득가액에 포함하지 아니한다.
1. 당초 약정에 의한 거래가액이 지급기일의 지연으로 인하여 추가로 발생하는 이자상당액
2. 대출이자

③ 취득에 관한 쟁송이 있는 자산에 대하여 그 소유권 등을 확보하기 위하여 직접 소요된 소송비용·화해비용 등의 금액

단, 그 지출한 연도의 각 소득금액 계산시 필요경비에 산입된 것은 포함하지 아니한다.

④ 장기할부조건으로 매입하는 경우에 발생한 채무를 기업회계기준에 따라 현재가치로 평가하여 계상한 현재가치할인차금

단, 보유기간 중에 현재가치할인차금의 상각액을 각 연도의 사업소득금액 계산시 필요경비로 산입하였거나 산입할 금액이 있는 때에는 이를 취득가액에서 공제한다.

⑤ 사업자가 면세전용 및 폐업시 잔존재화에 대하여 납부하였거나 납부할 부가가치세

(2) 취득가액 계산시 제외

① 재산세, 종합부동산세

② 상속세, 증여세

단, 이월과세 규정이 적용되는 경우 기납부한 증여세는 필요경비에 포함한다.

③ 대출이자, 지연이자

④ 지출한 연도 또는 각 사업소득금액 계산시 필요경비에 산입하였거나 산입할 금액

⑤ 부당행위계산에 의한 시가초과액

⑥ 「지적재조사에 관한 특별법」에 따른 경계의 확정으로 지적공부상의 면적이 증가되어 징수한 조정금

2. 자본적 지출액 등

다음 어느 하나에 해당하는 것으로서 그 지출에 관한 증명서류를 수취·보관하거나 실제 지출사실이 금융거래 증명서류에 의하여 확인되는 경우에 필요경비로 인정된다.

(1) 자본적 지출(사업자가 소유하는 감가상각자산의 내용연수를 연장시키거나 해당 자산의 가치를 현실적으로 증가시키기 위해 지출한 수선비를 말한다)

단순히 현상유지를 위한 수익적 지출은 필요경비에 포함하지 아니한다.

(2) 양도자산의 용도변경·개량 또는 이용편의를 위하여 지출한 비용(재해·노후화 등 부득이한 사유로 인하여 건물을 재건축한 경우 그 철거비용을 포함한다)

(3) 개발부담금

(4) 재건축부담금

3. 양도비 등

다음 어느 하나에 해당하는 것으로서 그 지출에 관한 증명서류를 수취·보관하거나 실제 지출사실이 금융거래 증명서류에 의하여 확인되는 경우에 필요경비로 인정된다.

(1) **자산을 양도하기 위하여 직접 지출한 비용**

① 증권거래세

② 양도소득세과세표준신고서 작성비용 및 계약서 작성비용

③ 공증비용, 인지대 및 소개비

④ 명도비용

(2) 법령 등에 따라 매입한 국민주택채권 및 토지개발채권을 만기 전에 양도함으로써 발생하는 매각차손(금융기관 외의 자에게 양도하는 경우에는 동일한 날에 금융기관에 양도하였을 경우 발생하는 매각차손을 한도로 한다)

2 추계방법으로 계산하는 경우

취득가액 + 필요경비개산공제액

(1) **취득가액**

매매사례가액, 감정가액, 환산취득가액 또는 기준시가를 순차적으로 적용한다.

(2) **필요경비개산공제액**

① **토지 또는 건물**: 취득 당시 기준시가×100분의 3(미등기양도자산은 1,000분의 3)

② **지상권, 전세권, 등기된 부동산임차권**: 취득 당시 기준시가×100분의 7

③ **①② 외**: 취득 당시 기준시가×100분의 1

3 필요경비 특례

취득가액을 환산취득가액으로 하는 경우에는 (1)의 금액과 (2)의 금액 중 큰 금액을 필요경비로 할 수 있다.

(1) 자본적 지출액 등 + 양도비 등

(2) 환산취득가액 + 필요경비개산공제액

필수 확인문제

01 소득세법령상 거주자가 실지거래가액에 의해 부동산의 양도차익을 계산하는 경우 양도소득의 필요경비에 해당하는 것은 몇 개인가? (단, 자본적 지출액과 양도비는 그 지출에 관한 증명서류를 수취 보관함)

- 폐업시 잔존재화에 대한 부가가치세
- 양도일부터 소급하여 10년 이내에 직계존속으로부터 증여받은 주택에 대하여 기납부한 증여세 상당액
- 취득시 법령에 따라 매입한 국민주택채권을 만기 전에 법령이 정하는 금융기관에 양도함으로서 발생하는 매각차손
- 취득대금에 충당하기 위한 대출금의 이자지급액
- 취득원가에 현재가치할인차금이 포함된 양도자산의 보유기간 중 사업소득금액 계산시 필요경비로 산입한 현재가치할인차금상각액
- 납부영수증이 없는 취득세
- 공인중개사에게 지출한 부동산중개보수

① 4개　② 5개　③ 6개
④ 7개　⑤ 8개

02 「소득세법」상 사업소득이 있는 거주자가 실지거래가액에 의해 부동산의 양도차익을 계산하는 경우 양도가액에서 공제할 자본적 지출액 또는 양도비용에 포함되지 <u>않는</u> 것은? (단, 자본적 지출액에 대해서는 법령에 따른 증명서류가 수취·보관되어 있으며, 금융거래증빙도 갖추고 있음)

① 자산을 양도하기 위하여 직접 지출한 양도소득세 과세표준신고서 작성비용
② 납부의무자와 양도자가 동일한 경우 「재건축초과이익 환수에 관한 법률」에 따른 재건축부담금
③ 양도자산의 이용편의를 위하여 지출한 비용
④ 양도자산의 취득 후 쟁송이 있는 경우 그 소유권을 확보하기 위하여 직접 소유된 소송비용으로서 그 지출한 연도의 각 사업소득금액 계산시 필요경비에 산입된 금액
⑤ 자산을 양도하기 위하여 직접 지출한 공증비용

03 「소득세법」상 거주자가 국내자산을 양도한 경우 양도소득의 필요경비에 관한 설명으로 옳은 것은?

① 취득가액을 실지거래가액에 의하는 경우 당초 약정에 의한 지급기일의 지연으로 인하여 추가로 발생하는 이자상당액은 취득원가에 포함하지 아니한다.
② 양도차익을 실거래가액에 의하는 경우 양도가액에서 공제할 취득가액은 그 자산에 대한 감가상각비로서 각 과세기간의 사업소득금액을 계산하는 경우 필요경비에 산입한 금액이 있을 때에는 이를 공제하지 않는 금액으로 한다.
③ 「소득세법」 제97조 제3항에 따른 취득가액을 계산할 때 감가상각비를 공제하는 것은 취득가액을 실지거래가액으로 하는 경우에만 적용하므로 취득가액을 환산취득가액으로 하는 때에는 적용하지 아니한다.
④ 토지를 취득함에 있어서 부수적으로 매입한 채권을 만기 전에 양도함으로써 발생하는 매각차손은 채권의 매매상대방과 관계없이 전액 양도비용으로 인정된다.
⑤ 취득세는 납부영수증이 없으면 필요경비로 인정되지 아니한다.

04 **다음은 개인사업자인 거주자 甲이 사업에 사용하던 상가건물을 2025.7.1.에 특수관계인 乙에게 양도한 내역이다. 「소득세법」상 양도차익은 얼마인가?** (단, 주어진 자료 외에는 고려하지 않음)

(1) 건물과 관련된 정보
① 양도가액은 6억원, 취득가액은 4억원이며, 모두 실지거래가액이다.
② 양도 당시 건물의 감가상각누계액은 1,500만원이며, 감가상각비는 사업소득금액 계산시 필요경비에 반영되었다.
③ 건물에 대한 취득세로 납부한 금액은 1,300만원이며, 취득시 국민주택채권을 800만원에 매입하여 즉시 사채업자에게 300만원에 매각한 것이 확인되었다. 이를 동일한 날 금융회사에 매각한다면 200만원의 매각차손이 발생한다.
④ 양도 당시 건물의 시가는 6억 2,000만원이고, 건물의 보유기간은 5년 2개월이며 등기되었다.
(2) 양도시 중개보수 900만원을 부담하였고, 지출한 양도비의 적격증명서류를 수취하였다.
(3) 보유 중 납부한 재산세 합계액은 800만원이다.

① 159,850,000원
② 162,350,000원
③ 162,850,000원
④ 188,500,000원
⑤ 191,000,000원

05 **다음은 거주자가 국내 소재 1세대 1주택을 양도한 내역이다. 「소득세법」상 양도차익은 얼마인가?** (단, 양도차익을 최소화하는 방향으로 필요경비를 선택한다)

(1) 취득 및 양도내역(등기됨)

구 분	가 액		거래일자
	실지거래가액	기준시가	
양 도	15억원	10억원	2025. 3. 2.
취 득	확인 불가능	2억원	2016. 2. 4.

(2) 자본적 지출 및 양도비용은 4억원이며, 금융거래 증명서류에 의하여 확인된다.
(3) 매매사례가액과 감정가액은 없으며, 주어진 자료 외는 고려하지 않는다.

① 220,000,000원
② 306,000,000원
③ 400,000,000원
④ 1,104,000,000원
⑤ 1,100,000,000원

Answer 01. ② 02. ④ 03. ① 04. ⑤ 05. ①

07 | 장기보유특별공제, 양도소득기본공제

1 장기보유특별공제

(1) **요건**: 다음 요건을 모두 충족한 경우에 한한다.

① 국내 소재

② 토지, 건물 및 조합원입주권

> **장기보유특별공제가 배제되는 것**
> 1. 미등기 양도자산(등기로 보는 경우는 제외)
> 2. 조합원으로부터 취득한 조합원입주권

③ 보유기간이 3년 이상

(2) **장기보유특별공제액**: 해당 자산의 양도차익(조합원입주권의 경우는 관리처분계획인가 전 토지분 또는 건물분 양도차익에 한함)에 다음의 공제율을 곱한 금액으로 한다.

<table>
<tr><th colspan="2">3년 이상 보유</th><th colspan="3">공제율</th></tr>
<tr><td colspan="2">일반적인 경우</td><td rowspan="2">보유×2%</td><td colspan="2" rowspan="2">최대 30%</td></tr>
<tr><td rowspan="2">1주택</td><td>2년 미만 거주</td></tr>
<tr><td>2년 이상 거주</td><td>보유×4%
거주×4%</td><td>최대 40%
최대 40%</td><td>최대 80%</td></tr>
</table>

2 양도소득기본공제

(1) **요건**: 미등기양도자산을 제외한 모든 자산

(2) **양도소득기본공제액**: 다음의 각 소득별(4종류)로 해당 과세기간의 양도소득금액에서 각각 연 250만원을 공제한다.

1종류	부동산, 부동산에 관한 권리, 기타자산
2종류	신탁수익권
3종류	주식 등
4종류	파생상품

(3) **공제 순서**

① 양도소득금액에 감면소득금액이 있는 경우에는 그 감면소득금액 외의 양도소득금액에서 먼저 공제한다.

② 감면소득금액 외의 양도소득금액 중에서는 해당 과세기간에 먼저 양도한 자산의 양도소득금액에서 순서대로 공제한다.

필수 확인문제

01 **소득세법령상 거주자가 국내에 소재하는 자산을 양도하는 경우 장기보유특별공제에 관한 설명으로 옳은 것은?** (다만, 양도자산은 비과세되지 아니한다)

① 양도소득 과세표준은 양도소득금액에서 장기보유특별공제를 공제한 금액으로 한다.
② 장기보유특별공제액은 해당 자산의 양도가액에 법령이 정하는 공제율을 곱한 금액으로 한다.
③ 법령이 정하는 1세대 1주택(등기됨)에 해당하는 주택은 3년 이상 보유하더라도 해당 주택에 거주하지 않은 경우에는 장기보유특별공제를 적용받을 수 없다.
④ 법원의 결정에 의하여 양도당시 취득에 관한 등기가 불가능한 부동산을 3년 이상 보유하고 양도하는 경우에는 장기보유특별공제를 적용받을 수 있다.
⑤ 등기된 상가건물을 20년 보유하고 양도하는 경우 장기보유특별공제율은 100분의 40이다.

02 **거주자가 국내에 소재하는 자산을 양도하는 경우 「소득세법」상 양도소득금액의 계산에 있어서 장기보유특별공제에 관한 설명 중 옳은 것은?**

① 조합원입주권(조합원으로부터 취득한 것은 아님)을 양도하는 경우 장기보유특별공제액은 「도시 및 주거환경정비법」 제48조에 따른 관리처분계획 인가 후 조합원입주권의 양도차익에 법령이 정하는 공제율을 곱한 금액으로 한다.
② 조합원으로부터 취득한 조합원입주권을 3년 이상 보유하고 양도하는 경우 장기보유특별공제가 적용된다.
③ 1세대 1주택(등기됨)으로서 보유기간이 15년이고 그 보유기간 중에 거주기간이 5년인 경우 장기보유특별공제율은 100분의 80이다.
④ 1세대 2주택으로서 등기된 주택을 5년 보유하고 그 보유기간 중에 거주기간이 2년인 경우 장기보유특별공제액은 해당 주택의 양도가액에 100분의 10을 곱한 금액으로 한다.
⑤ 배우자 또는 직계존비속간 증여재산에 대한 이월과세가 적용되는 경우 장기보유특별공제 계산시 해당 자산의 보유기간은 증여한 배우자 또는 직계존비속이 해당 자산을 취득한 날부터 기산한다.

03 **거주자 甲의 2025년 양도소득에 관한 자료이다. 양도소득세 확정신고시 토지X의 양도소득금액으로 옳은 것은?**

(1) 甲은 2015년 2월 토지X를 취득하여 등기를 마치고 이를 담보로 은행으로부터 200,000,000원을 차입하였다. 취득시 실거래가는 400,000,000원이고, 개별공시지가는 300,000,000원이다.
(2) 2025년 12월 甲은 토지X를 동생 乙에게 증여하였으며, 乙은 토지X를 증여받고 상기 차입금 200,000,000원을 인수*하였다. 증여시 토지X의 「상속세 및 증여세법」에 의한 시가는 확인되지 않았으며, 개별공시지가는 500,000,000원이다.
* 乙의 차입금 인수사실은 객관적으로 입증되었고, 乙은 차입금 및 이자를 상환할 능력이 있음
(3) 토지X의 실제 자본적지출은 10,000,000원이며, 필요경비개산공제율은 3%이고, 장기보유특별공제율은 20%이다. 갑은 토지X 외 부동산거래를 하지 않았다.

① 36,400,000원 ② 58,620,000원
③ 61,120,000원 ④ 89,180,000원
⑤ 91,680,000원

04 **소득세법령상 거주자의 양도소득과세표준 계산 시 양도소득기본공제에 관한 설명으로 틀린 것은?**

① 100분의 70의 세율이 적용되는 등기된 주택은 양도소득기본공제를 적용받을 수 없다.
② 같은 해에 국내에 소재하는 등기된 토지와 부동산을 취득할 수 있는 권리를 양도하는 경우 양도소득기본공제액은 최대 250만원이다.
③ 국내에 소재하는 등기된 토지와 국외에 소재하는 주택을 양도하는 경우 양도소득기본공제액은 각각 최대 250만원이다.
④ 같은 해에 여러 개의 자산(모두 등기됨)을 양도한 경우 양도소득기본공제는 해당 과세기간에 먼저 양도한 자산의 양도소득금액에서부터 순서대로 공제한다.
⑤ 양도소득금액에 감면소득이 있는 경우 양도소득기본공제는 그 감면소득금액 외의 양도소득금액에서 먼저 공제한다.

05 **다음은 거주가 甲이 2025년도에 양도한 자산의 내역이다. 주택 분양권의 양도소득기본공제액으로 옳은 것은?** (단, 비과세 대상 및 조세특례제한법상 감면대상소득은 없음)

(1) 2025년도 양도내역

구분	양도자산	양도차익	보유기간	등기 여부
A	토지	200만원	5년 4개월	등 기
B	신탁 수익권	100만원	3년 2개월	-
C	상가 건물	500만원	8년 9개월	미등기
D	주택 분양권	200만원	10개월	-

(2) 양도순서는 A, B, C, D 순서이다.

① 0원 ② 50만원 ③ 70만원
④ 130만원 ⑤ 250만원

06 **소득세법령상 1세대 1주택자인 거주자 甲이 2025년 양도한 국내소재 A주택**(조정대상지역이 아니며 등기됨)**에 대한 양도소득과세표준은?** (단, 2025년에 A주택 외 양도한 자산은 없으며, 법령에 따른 적격증명서류를 수취 · 보관하고 있고 주어진 조건 이외에는 고려하지 않음)

구 분	기준시가	실지거래가액
양도시	18억원	25억원
취득시	13억 5천만원	19억 5천만원
추가사항	• 양도비 및 자본적지출액: 5천만원 • 보유기간 및 거주기간: 각각 5년	

① 153,500,000원 ② 156,000,000원
③ 195,500,000원 ④ 260,000,000원
⑤ 500,000,000원

Answer 01. ④ 02. ⑤ 03. ③ 04. ① 05. ③ 06. ①

MEMO

08 | 세율 및 양도차손 공제

1 세 율

(1) **양도소득세 세율**

① **부동산 및 부동산에 관한 권리**

㉠ 미등기: 70%

㉡ 미등기 외의 경우

구 분	보유기간		
	1년 미만	2년 미만	2년 이상
분양권	70%	60%	60%
입주권 주 택	70%	60%	누진세
그 외	50%	40%	

누진세
1. 일반적인 경우: 6%~45%
2. 비사업용 토지: 16%~55%

② **기타자산**(회원권 등): 누진세(6%~45%)

(2) **세율 적용시 보유기간**

① **일반적인 경우**: 취득일 ~ 양도일

② **상속**: 피상속인 취득일 ~ 양도일

③ **이월과세 규정 및 증여 후 양도 부인규정**: 증여자 취득일 ~ 양도일

2 양도차손의 통산

(1) 양도소득금액을 계산할 때 양도차손이 발생한 자산이 있는 경우에는 소득별(4종류)로 해당 자산 외의 다른 자산에서 발생한 양도소득금액에서 그 양도차손을 공제한다.

1종류	부동산, 부동산에 관한 권리, 기타자산
2종류	신탁수익권
3종류	주식 등
4종류	파생상품

(2) 양도차손은 다음의 양도소득금액에서 순차로 공제한다.

① 같은 세율을 적용받는 자산

② 다른 세율을 적용받는 자산

(3) 양도차손을 공제하고 남은 잔액(결손금)은 다음 연도로 이월하여 공제받을 수 없다.

필수 확인문제

01 **「소득세법」상 거주자가 국내에 있는 자산을 양도한 경우 양도소득과세표준에 적용되는 세율로 틀린 것은?** (단, 주어진 자산 외에는 고려하지 않음)

① 보유기간이 1년 이상 2년 미만인 등기된 상업용 건물: 100분의 40
② 보유기간이 1년 미만인 조합원입주권: 100분의 70
③ 보유기간이 3년인 분양권: 100분의 50
④ 양도소득과세표준이 1,400만원 이하인 2년 이상인 등기된 비사업용 토지(지정지역에 있지 않음): 100분의 16
⑤ 미등기 건물(미등기 양도 제외 자산 아님): 100분의 70

02 **소득세법령상 거주자의 양도소득세과세표준에 적용되는 세율로 옳은 것은?** (단, 국내소재 자산을 양도한 경우로서 주어진 자산 외에는 고려하지 않음)

① 보유기간이 6개월인 등기된 상가건물: 100분의 40
② 보유기간이 10개월인 「소득세법」에 따른 분양권: 100분의 70
③ 보유기간이 1년 6개월인 등기된 상가건물: 100분의 30
④ 보유기간이 1년 10개월인 「소득세법」에 따른 조합원입주권: 100분의 70
⑤ 보유기간이 2년 6개월인 「소득세법」에 따른 분양권: 100분의 50

03 **「소득세법」상 거주자의 양도소득세에 관한 설명으로 옳은 것은?** (단, 국내소재 자산의 양도임)

① 양도소득금액을 계산할 때 부동산을 취득할 수 있는 권리에서 발생한 양도차손은 같은 해에 토지에서 발생한 양도소득금액에서 공제할 수 없다.
② 국내 소재 토지와 비상장주식을 양도하는 경우 각각 발생한 양도차손은 양도소득금액 계산시 이를 합산한다.
③ 토지의 양도로 발생한 양도차손은 동일한 과세기간에 전세권의 양도로 발생한 양도차익에서 공제할 수 있다.
④ 양도차손은 같은 세율이 적용되는 자산의 양도소득금액에서 먼저 공제한다.
⑤ 토지에서 발생한 양도차손은 다음연도에 양도하는 토지의 양도소득금액에서 이월하여 공제받을 수 있다.

04 **다음 자료를 기초로 할 때 소득세법령상 거주자 甲이 확정신고시 신고할 건물과 토지B의 양도소득과세표준을 각각 계산하면?** (단, 아래 자산 외의 양도자산은 없고, 양도소득과세표준 예정신고는 모두 하지 않았으며, 감면소득금액은 없다고 가정함)

구 분	건물 (주택 아님)	토지A	토지B
양도차익 (차손)	150,000,000원	(20,000,000원)	25,000,000원
양도일자	25.3.10.	25.5.20.	25.6.25.
보유기간	1년 8개월	4년 3개월	3년 5개월

• 위 자산은 모두 국내에 있으며 등기됨
• 토지A, 토지B는 비사업용 토지 아님

	건 물	토지B
①	0원	16,000,000원
②	0원	18,500,000원
③	11,600,000원	5,000,000원
④	12,500,000원	3,500,000원
⑤	12,500,000원	1,000,000원

Answer 01. ③ 02. ② 03. ④ 04. ④

09 | 미등기 양도자산

1 특 징

구 분		미등기	등기의제
비과세 및 감면		불가능	가능
〈계산구조〉			
	양도가액		
−	필요경비	가능	가능
=	양도차익		
−	장기보유특별공제	불가능	가능
=	양도소득금액		
−	양도소득기본공제	불가능	가능
=	과세표준		
×	세 율	70%	일반세율
=	산출세액		

2 등기로 보는 경우(등기 의제)

다음 어느 하나에 해당하는 경우에는 미등기 양도자산으로 보지 아니한다.

(1) 장기할부조건으로 취득한 자산으로서 그 계약조건에 의하여 양도 당시 그 자산의 취득에 관한 등기가 불가능한 자산

(2) 법률의 규정 또는 법원의 결정에 의하여 양도 당시 그 자산의 취득에 관한 등기가 불가능한 자산

(3) 비과세대상인 1세대 1주택으로서 건축허가를 받지 아니하여 등기가 불가능한 자산

(4) 「도시개발법」에 따른 도시개발사업이 종료되지 아니하여 토지 취득등기를 하지 아니하고 양도하는 토지

(5) 건설업자가 「도시개발법」에 따라 공사용역 대가로 취득한 체비지를 토지구획 환지처분 공고 전에 양도하는 토지

(6) 비과세 또는 감면 요건을 충족한 농지

필수 확인문제

01 「소득세법」상 미등기 양도자산(미등기 양도제외 자산 아님)인 **상가건물의 양도에 관한 내용으로 옳은 것을 모두 고른 것은?**

> ㉠ 양도소득세율은 양도소득과세표준의 100분의 70
> ㉡ 장기보유특별공제 적용 배제
> ㉢ 필요경비개산공제 적용 배제
> ㉣ 양도소득기본공제 적용 배제

① ㉠, ㉡, ㉢　② ㉠, ㉡, ㉣
③ ㉠, ㉢, ㉣　④ ㉡, ㉢, ㉣
⑤ ㉠, ㉡, ㉢, ㉣

02 소득세법령상 거주자가 국내에 소재하는 주택을 취득에 관한 등기를 하지 아니하고 양도하는 경우 적용될 수 있는 것은? (단, 주택은 소득세법상 미등기양도제외자산 및 고가주택에 해당하지 아니함)

① 1세대 1주택(양도일 현재 5년 보유)을 양도하는 경우 양도소득세 비과세
② 양도소득기본공제
③ 주택을 3년 이상 보유한 경우의 장기보유특별공제
④ 취득가액을 실지거래가액에 의하지 않는 경우 주택 취득당시 법령이 정하는 가격에 일정한 비율을 곱한 금액을 필요경비로 공제
⑤ 1년 미만 보유한 경우 100분의 50의 세율

03 소득세법」상 미등기 양도 제외 자산을 모두 고른 것은?

> ㉠ 양도소득세 비과세요건을 충족한 1세대 1주택으로서 「건축법」에 따른 건축허가를 받지 아니하여 등기가 불가능한 자산
> ㉡ 법원의 결정에 의하여 양도 당시 그 자산의 취득에 관한 등기가 불가능한 자산
> ㉢ 「도시개발법」에 따른 도시개발사업이 종료되지 아니하여 토지 취득등기를 하지 아니하고 양도하는 토지

① ㉠　② ㉡　③ ㉠, ㉡
④ ㉡, ㉢　⑤ ㉠, ㉡, ㉢

04 「소득세법」상 미등기 양도자산에 관한 설명으로 옳은 것은?

① 미등기 양도자산도 양도소득에 대한 소득세의 비과세에 관한 규정을 적용할 수 있다.
② 건설업자가 「도시개발법」에 따라 공사용역 대가로 취득한 체비지를 토지구획 환지처분공고 전에 양도하는 토지는 미등기 양도자산에 해당하지 않는다.
③ 미등기 양도자산의 양도소득금액 계산시 양도소득기본공제를 적용할 수 있다.
④ 미등기 양도자산은 양도소득세 산출세액에 100분의 70을 곱한 금액을 양도소득 결정세액에 더한다.
⑤ 미등기 양도자산의 양도소득금액 계산시 장기보유특별공제를 적용할 수 있다.

Answer　01. ②　02. ④　03. ⑤　04. ②

10 | 상속받은 자산의 양도

1 일반적인 경우

(1) **납세의무자**: 상속인

(2) **취득가액**: 상속개시일 현재 평가액(시가)

① **취득세**: 필요경비에 산입 ○

② **상속세**: 필요경비에 산입 ×

(3) **보유기간 판단시 기산일**

① **장기보유특별공제**: 상속이 개시된 날

② **세율**: 피상속인이 취득한 날

2 가업상속공제가 적용되는 경우

(1) **납세의무자**: 상속인

(2) **취득가액**: 피상속인의 취득당시 가액

① **취득세**: 필요경비에 산입 ○

② **상속세**: 필요경비에 산입 ×

(3) **보유기간 판단시 기산일**

① **장기보유특별공제**: 피상속인이 취득한 날

② **세율**: 피상속인이 취득한 날

필수 확인문제

01 「소득세법」상 거주자의 국내 소재 부동산과 부동산에 관한 권리의 양도에 관한 설명으로 틀린 것은?

① 부동산매매계약을 체결한 거주자가 계약금만 지급한 상태에서 유상으로 양도하는 권리는 양도소득세의 과세대상이다.
② 상속받은 부동산을 양도하는 경우, 기납부한 상속세는 양도차익 계산시 이를 필요경비로 공제받을 수 있다.
③ 상속받은 부동산의 취득시기는 상속이 개시된 날로 한다.
④ 상속받은 부동산을 양도하는 경우, 양도소득세 세율을 적용함에 있어서 보유기간은 피상속인이 그 부동산을 취득한 날부터 상속인이 양도한 날까지로 한다.
⑤ 부동산을 취득할 수 있는 권리의 양도시 기준시가는 양도일까지 불입한 금액과 양도일 현재의 프리미엄에 상당하는 금액을 합한 금액이다.

02 다음 자료를 기초로 거주자 乙의 토지 양도에 따른 양도소득금액을 계산한 것으로 옳은 것은?

(1) 거주자 甲은 2014.6.5. 토지를 400,000,000원(시가 600,000,000)에 특수관계에 있는 (주)A로부터 취득하여 등기를 완료하였다. 동 토지의 취득에 대하여는 「법인세법」상 부당행위계산의 부인규정에 따라 甲에게 소득처분이 이루어졌다.
(2) 2021.7.10. 乙은 부친인 甲의 사망으로 인하여 위의 토지를 상속받았으며, 상속개시당시 시가평가액은 1,200,000,000원이다. 乙은 위 토지를 상속받을 때 「상속세 및 증여세법」에 따라 가업상속공제를 적용받았으며, 가업상속공제율은 60%라고 가정한다.
(3) 2025.1.15. 乙은 상속받은 위의 등기된 토지를 특수관계가 없는 丙에게 1,500,000,000원에 양도하였다.
(4) 양도자산과 관련하여 지출한 양도비용은 50,000,000원으로 적격증명서류를 수취하여 보관하고 있다.
(5) 보유기간 3년 이상 4년 미만에 적용되는 장기보유특별공제율은 6%, 10년 이상 11년 미만에 적용되는 장기보유특별공제율은 20%이다.

① 502,000,000원　② 609,500,000원
③ 684,000,000원　④ 705,856,000원
⑤ 940,500,000원

Answer 01. ① 02. ①

11 | 증여 특례 및 부당행위계산 부인

1 증여받은 자산을 양도하는 경우

① **납세의무자**: 증여받은 자(= 수증자)
② **취득가액**: 증여당시 가액(시가)
③ **증여세**: 필요경비에 산입 ×
③ **보유기간 판단시 기산일**
㉠ 장기보유특별공제: 증여한 자가 취득한 날
㉡ 세율: 증여한 자가 취득한 날

2 배우자 또는 직계존비속간 이월과세

(1) **요 건**
① **거래당사자**: 배우자 및 직계존비속
② **거래물건**: 토지, 건물, 부동산을 취득할 수 있는 권리, 회원권, 주식
③ **증여 후 양도기간**: 10년(주식은 1년) 이내

(2) **특 징**
① **납세의무자**: 증여받은 자(수증자)
② **취득가액**: 증여한 자의 취득 당시 가액
③ **증여세**: 필요경비에 산입 ○
④ **증여한 자가 지출한 자본적 지출액**: 필요경비에 산입 ○
⑤ **보유기간 판단시 기산일**
㉠ 장기보유특별공제: 증여한 자가 취득한 날
㉡ 세율: 증여한 자가 취득한 날

(3) **이월과세 배제**
① 사망으로 인한 혼인관계 소멸
② 협의매수 또는 수용
③ 비과세요건을 충족한 1주택(고가주택 포함)
④ 이월과세를 적용한 세액이 이월과세를 적용하지 아니한 세액보다 적은 경우

3 증여 후 양도행위 부인규정

(1) **요 건**
① **거래당사자**: 특수관계인(배우자 및 직계존비속 포함)
② **거래물건**: 모든 자산
③ **증여 후 양도기간**: 10년 이내

(2) **특 징**
① **납세의무자**: 증여한 자
② **취득가액**: 증여한 자의 취득 당시 가액
③ **증여세**: 필요경비에 산입 × (부과취소)
③ **보유기간 판단시 기산일**
㉠ 장기보유특별공제: 증여한 자가 취득한 날
㉡ 세율: 증여한 자가 취득한 날

(3) **부인규정 배제**
① 이월과세와 중복되는 경우
② 부인규정을 적용한 세액이 부인규정을 적용하지 아니한 세액보다 적은 경우
③ 소득이 수증자에게 실질적으로 귀속되는 경우

4 고가취득, 저가양도 부인규정

(1) **요 건**
① 특수관계인
② 시가보다 높게 취득 또는 시가보다 낮게 양도
③ 시가와 실지거래가액의 차액이 3억원 이상이거나 시가의 100분의 5에 상당하는 금액 이상

(2) **계산**: 실지거래가액을 부인하고 시가로 계산한다.

필수 확인문제

01 **「소득세법」상 배우자 간 증여재산의 이월과세에 관한 설명으로 옳은 것은?**

① 이월과세를 적용하는 경우 거주자가 배우자로부터 증여받은 자산에 대하여 납부한 증여세를 필요경비에 산입하지 아니한다.

② 이월과세를 적용받은 자산의 보유기간은 증여한 배우자가 그 자산을 증여한 날을 취득일로 본다.

③ 거주자가 양도일부터 소급하여 10년 이내에 그 배우자(양도 당시 사망으로 혼인관계가 소멸된 경우 포함)로부터 증여받은 토지를 양도할 경우에 이월과세를 적용한다.

④ 거주자가 사업인정고시일부터 소급하여 2년 이전에 배우자로부터 증여받은 경우로서 「공익사업을 위한 토지 등의 취득 및 보상에 관한 법률」에 따라 수용된 경우에는 이월과세를 적용하지 아니한다.

⑤ 이월과세를 적용하여 계산한 양도소득결정세액이 이월과세를 적용하지 않고 계산한 양도소득결정세액보다 적은 경우에 이월과세를 적용한다.

02 **「소득세법」상 거주자 甲이 2019년 1월 20일에 취득한 건물**(취득가액 3억원)**을 甲의 배우자 乙에게 2023년 3월 5일자로 증여**(해당 건물의 시가 8억원)**한 후, 乙이 2025년 5월 19일에 해당 건물을 甲·乙의 특수관계인이 아닌 丙에게 10억원에 매도하였다. 해당 건물의 양도소득세에 관한 설명으로 옳은 것은?** (단, 주택은 아니며, 취득·증여·매도의 모든 단계에서 등기를 마침)

① 양도소득세 납세의무자는 甲이다.

② 양도소득금액 계산시 장기보유특별공제가 적용된다.

③ 양도차익 계산시 양도가액에서 공제할 취득가액은 8억원이다.

④ 乙이 납부한 증여세는 양도소득세 납부세액 계산시 세액공제된다.

⑤ 양도소득세에 대해 甲과 乙이 연대하여 납세의무를 진다.

03 **다음 자료를 기초로 할 때 소득세법령상 국내 토지A에 대한 양도소득세에 관한 설명으로 옳은 것은?** (단, 甲, 乙, 丙은 모두 거주자임)

> • 甲은 2019.6.20. 토지A를 3억원에 취득하였으며, 2021.5.15. 토지A에 대한 자본적 지출로 5천만원을 지출하였다.
> • 乙은 2023.7.1. 직계존속인 甲으로부터 토지A를 증여받아 2023.7.25. 소유권이전등기를 마쳤다(토지A의 증여 당시 시가는 6억원임).
> • 乙은 2025.10.20. 토지A를 甲 또는 乙과 특수관계가 없는 丙에게 10억원에 양도하였다.
> • 토지A는 법령상 협의매수 또는 수용된 적이 없으며, 소득세법 제97조의2 양도소득의 필요경비 계산 특례(이월과세)를 적용하여 계산한 양도소득 결정세액이 이를 적용하지 않고 계산한 양도소득 결정세액보다 크다고 가정한다.

① 양도차익 계산시 양도가액에서 공제할 취득가액은 6억원이다.

② 양도차익 계산시 甲이 지출한 자본적 지출액 5천만원은 양도가액에서 공제할 수 없다.

③ 양도차익 계산시 乙이 납부하였거나 납부할 증여세 상당액이 있는 경우 양도차익을 한도로 필요경비에 산입한다.

④ 장기보유 특별공제액 계산 및 세율 적용시 보유기간은 乙의 취득일부터 양도일까지의 기간으로 한다.

⑤ 甲과 乙은 양도소득세에 대하여 연대납세의무를 진다.

04 **거주자 甲은 2019.10.20. 취득한 토지**(취득가액 1억원, 등기함)**를 동생인 거주자 乙**(특수관계인임)**에게 2022. 10.1. 증여**(시가 3억원, 등기함)**하였다. 乙은 해당 토지를 2025.6.30. 특수관계가 없는 丙에게 양도**(양도가액 10억원)**하였다. 양도소득은 乙에게 실질적으로 귀속되지 아니하고, 乙의 증여세와 양도소득세를 합한 세액이 甲이 직접 양도하는 경우로 보아 계산한 양도소득세보다 적은 경우에 해당한다. 「소득세법」상 양도소득세 납세의무에 관한 설명으로 <u>틀린</u> 것은?**

① 乙이 납부한 증여세는 양도차익 계산시 필요경비에 산입한다.

② 양도차익 계산시 취득가액은 甲의 취득 당시를 기준으로 한다.

③ 양도소득세에 대해서는 甲과 乙이 연대하여 납세의무를 진다.

④ 甲은 양도소득세 납세의무자이다.

⑤ 양도소득세 계산시 보유기간은 甲의 취득일부터 乙의 양도일까지의 기간으로 한다.

05 「소득세법」상 거주자의 국내자산 양도소득세 계산에 관한 설명으로 틀린 것은?

① 법인과 특수관계에 있는 주주가 시가 3억원(「법인세법」 제52조에 따른 시가임)의 토지를 법인에게 5억원에 양도한 경우 양도가액은 3억원으로 본다. 단, 법인은 이 거래에 대하여 세법에 따른 처리를 적절하게 하였다.

② 양도일부터 소급하여 10년 이내에 그 배우자로부터 증여받은 토지의 양도차익을 계산할 때 그 증여받은 토지에 대하여 납부한 증여세는 양도가액에서 공제할 필요경비에 산입한다.

③ 거주자가 배우자나 직계존비속이 아닌 특수관계인에게 자산을 증여한 후 그 자산을 증여받은 자가 그 증여일부터 15년 지난 후 다시 타인에게 양도한 경우 증여자가 그 자산을 직접 양도한 것으로 본다. 다만, 양도소득이 해당 수증자에게 실질적으로 귀속되지 아니한 것으로 본다.

④ 특수관계인에게 증여한 자산에 대해 증여자인 거주자에게 양도소득세가 과세되는 경우 수증자가 부담한 증여세 상당액은 양도가액에서 공제할 필요경비에 산입하지 아니한다.

⑤ 거주자가 특수관계인과의 거래(시가와 거래가액의 차액이 5억원임)에 있어서 토지를 시가에 미달하게 양도함으로써 조세의 부담을 부당히 감소시킨 것으로 인정되는 때에는 그 양도가액을 시가에 의하여 계산한다.

Answer 01. ④ 02. ② 03. ③ 04. ① 05. ③

12 | 납세절차

1 예정신고와 납부

(1) 양도소득세 과세대상 자산을 양도한 자는 다음의 기간에 따라 납세지 관할 세무서장에게 예정신고를 하여야 한다.

① **일반적인 경우**: 양도일이 속하는 달의 말일부터 2개월

② **토지거래허가를 받기 전에 대금을 청산한 경우**: 허가일이 속하는 달의 말일부터 2개월

③ **주식**: 양도일이 속하는 반기 말일부터 2개월

④ **부담부증여**: 양도일이 속하는 달의 말일부터 3개월

(2) 양도차익이 없거나 양도차손이 발생한 경우에도 신고하여야 한다.

(3) 예정신고납부를 하는 경우 수시부과세액이 있을 때에는 이를 공제하여 납부한다.

2 확정신고와 납부

(1) 해당 과세기간의 양도소득금액이 있는 자는 그 양도소득과세표준을 다음의 기간까지 납세지 관할 세무서장에게 확정신고하여야 한다.

① **일반적인 경우**: 양도일이 속하는 과세기간의 다음 연도 5월 1일부터 5월 31일까지

② **토지거래허가를 받기 전에 대금을 청산한 경우**: 허가일이 속하는 과세기간의 다음 연도 5월 1일부터 5월 31일까지

(2) 해당 과세기간의 과세표준이 없거나 결손금액이 있는 경우에도 신고하여야 한다.

(3) 예정신고를 한 자는 해당 소득에 대한 확정신고를 하지 아니할 수 있다. 다만, 다음의 경우에는 확정신고를 하여야 한다.

① 당해 연도에 누진세율의 적용대상 자산에 대한 예정신고를 2회 이상 한 자가 이미 신고한 양도소득금액과 합산하여 신고하지 아니한 경우

② 부동산등을 2회 이상 양도한 경우로서 양도소득기본공제를 적용할 경우 당초 신고한 양도소득산출세액이 달라지는 경우

③ 자산을 둘 이상 양도한 경우로서 양도소득세 세율을 적용할 경우 당초 신고한 양도소득산출세액이 달라지는 경우

(4) 확정신고납부를 하는 경우 예정신고산출세액, 결정·경정한 세액 또는 수시부과세액이 있을 때에는 이를 공제하여 납부한다.

3 가산세

(1) 예정신고납부 또는 확정신고납부 의무를 이행하지 아니한 경우에는 가산세가 부과된다.

(2) 예정신고와 관련하여 가산세가 부과되는 부분에 대해서는 확정신고와 관련하여 가산세를 적용하지 아니한다.

(3) **신고납부 관련 가산세**

① **무신고가산세**: 무신고납부세액의 100분의 20(사기 부정은 100분의 40)

② **과소신고가산세**: 과고신고납부세액의 100분의 10(사기 부정은 100분의 40)

③ **납부지연가산세**: 미납일수의 10만분의 22

(4) **감정가액 또는 환산취득가액 적용 가산세**

① 거주자가 건물을 신축 또는 증축하고 그 건물의 취득일 또는 증축일부터 5년 이내에 해당 건물을 양도하는 경우로서 감정가액 또는 환산취득가액을 그 취득가액으로 하는 경우에는 해당 건물의 감정가액 또는 환산취득가액의 100분의 5에 해당하는 금액을 양도소득결정세액에 더한다.

② 양도소득산출세액이 없는 경우에도 적용한다.

4 분할납부와 물납

(1) **분할납부**

① 양도소득세로 납부할 세액이 1천만원을 초과하는 자는 그 납부할 세액의 일부를 납부기한이 지난 날부터 2개월 이내에 분할납부할 수 있다.

② **분할납부 가능금액**

㉠ 2천만원 이하: 1천만원을 초과하는 금액

㉡ 2천만원 초과: 그 세액의 100분의 50 이하인 금액

(2) **물납**: 규정 없음

5 징수와 환급

(1) **양도소득세의 징수**

① 납세지 관할 세무서장은 해당 과세기간의 양도소득세로 납부하여야 할 세액의 전부 또는 일부를 납부하지 아니한 경우에는 그 미납된 부분의 양도소득세액을 「국세징수법」에 따라 징수한다.

② 납세지 관할 세무서장은 양도소득과세표준과 세액을 결정 또는 경정한 경우 양도소득 총결정세액이 예정신고납부세액 등을 초과할 때에는 그 초과하는 세액을 해당 거주자에게 알린 날부터 30일 이내에 징수한다.

(2) **양도소득세의 환급**

① 납세지 관할 세무서장은 과세기간별로 예정신고납부세액 등의 합계액이 양도소득 총결정세액을 초과할 때에는 그 초과하는 세액을 환급하거나 다른 국세 및 강제징수비에 충당하여야 한다.

② 환급금 중 국세 및 강제징수비에 충당한 후 남은 금액은 국세환급금이 결정을 한 날부터 30일 내에 납세자에게 지급하여야 한다.

필수 확인문제

01 「소득세법」상 거주자의 양도소득세 신고 및 납부에 관한 설명으로 옳은 것은?

① 토지 또는 건물을 양도한 경우에는 그 양도일이 속하는 분기의 말일부터 2개월 이내에 양도소득과세표준을 신고하여야 한다.
② 양도차익이 없거나 양도차손이 발생한 경우에는 양도소득과세표준 예정신고의무가 없다.
③ 건물을 신축하고 그 신축한 건물의 취득일부터 5년 이내에 해당 건물을 양도하는 경우로서 취득 당시의 실지거래가액을 확인할 수 없어 환산취득가액을 그 취득가액으로 하는 경우에는 양도소득세 산출세액의 100분의 5에 해당하는 금액을 양도소득결정세액에 더한다.
④ 양도소득과세표준 예정신고시에는 납부할 세액이 1천만원을 초과하더라도 그 납부할 세액의 일부를 분할납부할 수 없다.
⑤ 당해 연도에 누진세율의 적용대상 자산에 대한 예정신고를 2회 이상 한 자가 법령에 따라 이미 신고한 양도소득금액과 합산하여 신고하지 아니한 경우 양도소득세 확정신고를 하여야 한다.

02 「소득세법」상 거주자의 국내토지에 대한 양도소득과세표준 및 세액의 신고납부에 대한 설명으로 틀린 것은?

① 법령에 따른 부담부증여의 채무액에 해당하는 부분으로서 양도로 보는 경우 그 양도일이 속하는 달의 말일부터 3개월 이내에 양도소득과세표준을 납세지 관할 세무서장에게 신고하여야 한다.
② 예정신고납부를 하는 경우 예정신고산출세액에서 감면세액을 빼고 수시부과세액이 있을 때에는 이를 공제하지 아니한 세액을 납부한다.
③ 예정신고납부할 세액이 2천만원을 초과하는 때에는 그 세액의 100분의 50 이하의 금액을 납부기한이 지난 후 2개월 이내에 분할납부할 수 있다.
④ 당해 연도에 누진세율의 적용대상 자산에 대한 예정신고를 2회 이상 한 자가 법령에 따라 이미 신고한 양도소득금액과 합산하여 신고하지 아니한 경우에는 양도소득과세표준의 확정신고를 하여야 한다.
⑤ 양도차익이 없거나 양도차손이 발생한 경우에도 양도소득과세표준의 예정신고를 하여야 한다.

03 **「소득세법」상 거주자의 양도소득세 신고납부에 관한 설명으로 옳은 것은?**

① 건물을 신축하고 그 취득일부터 3년 이내에 양도하는 경우로서 감정가액을 취득가액으로 하는 경우에는 그 감정가액의 100분의 3에 해당하는 금액을 양도소득결정세액에 가산한다.
② 공공사업의 시행자에게 수용되어 발생한 양도소득세액이 2천만원을 초과하는 경우 납세의무자는 물납을 신청할 수 있다.
③ 부담부증여의 채무액에 해당하는 부분으로서 양도로 보는 경우에는 그 양도일이 속하는 달의 말일부터 2개월 이내에 양도소득세를 신고하여야 한다.
④ 예정신고납부할 세액이 1천 5백만원인 자는 그 세액의 100분의 50의 금액을 납부기한이 지난 후 2개월 이내에 분할납부할 수 있다.
⑤ 납세의무자가 법정신고기한까지 양도소득세의 과세표준신고를 하지 아니한 경우(부정행위로 인한 무신고는 제외)에는 그 무신고납부세액에 100분의 20을 곱한 금액을 가산세로 한다.

04 **「소득세법」상 거주자의 양도소득세 징수와 환급에 관한 설명으로 옳은 것은?**

① 과세기간별로 이미 납부한 확정신고세액이 관할 세무서장이 결정한 양도소득 총결정세액을 초과한 경우 다른 국세에 충당할 수 없다.
② 양도소득과세표준과 세액을 결정 또는 경정한 경우 관할 세무서장이 결정한 양도소득 총결정세액이 이미 납부한 확정신고세액을 초과할 때에는 그 초과하는 세액을 해당 거주자에게 알린 날부터 30일 이내에 징수한다.
③ 양도소득세 과세대상 건물을 양도한 거주자는 부담부증여의 채무액을 양도로 보는 경우 예정신고 없이 확정신고를 하여야 한다.
④ 양도소득세 납세의무의 확정은 납세의무자의 신고에 의하지 않고 관할 세무서장의 결정에 의한다.
⑤ 이미 납부한 확정신고세액이 관할 세무서장이 결정한 양도소득 총결정세액을 초과할 때에는 해당 결정일부터 90일 이내에 환급해야 한다.

05 **거주자 甲이 2025년 7월 16일에 양도**(부담부증여는 아님)**한 상가건물의 양도소득세로 납부할 세액이 1,800만원인 경우 예정신고 또는 확정신고 시 甲의 최대 분납할 수 있는 세액과 분납기한으로 옳은 것은?**

	예정신고	확정신고
①	800만원, 2025.11.30.	800만원, 2026.7.31.
②	900만원, 2025.9.30.	800만원, 2026.5.31.
③	800만원, 2025.9.30.	800만원, 2026.7.31.
④	900만원, 2025.11.30.	900만원, 2026.5.31.
⑤	800만원, 2025.11.30.	900만원, 2026.7.31.

Answer 01. ⑤ 02. ② 03. ⑤ 04. ② 05. ①

13 | 국외자산 양도소득세

1 납세의무자

해당 자산의 양도일까지 계속 5년 이상 국내에 주소 또는 거소를 둔 거주자에 한한다.

구 분	국 내	국 외	
거주자	○	5년 미만	×
		5년 이상	○
비거주자	○	×	

2 양도소득의 범위

- 환율변동으로 인하여 외화차입금에서 발생하는 환차익은 양도소득의 범위에서 제외한다.

(1) **부동산**

(2) **부동산에 관한 권리**

① 지상권, 전세권

② 부동산임차권 ⇨ 등기 여부에 관계없이

③ 부동산을 취득할 수 있는 권리

(3) **기타 자산**

3 양도가액(수령한 날 현재 환율 적용)

(1) 실지거래가액

(2) 실지거래가액을 확인할 수 없는 경우에는 양도자산이 소재하는 국가의 양도 당시 현황을 반영한 시가에 따른다.

4 필요경비(지출한 날 현재 환율 적용)

다음의 금액을 합한 것으로 한다.

(1) **취득가액**

① 실지거래가액

② 실지거래가액을 확인할 수 없는 경우에는 양도자산이 소재하는 국가의 양도 당시 현황을 반영한 시가에 따른다.

(2) **자본적 지출액**

(3) **양도비**

- 필요경비개산공제액은 적용되지 않음

5 과세표준 및 산출세액

(1) **장기보유특별공제**: 적용되지 않음

(2) **양도소득기본공제**: 적용됨

(3) **세율**: 무조건 6% ~ 45%

6 양도차손 공제

국내자산과 국외자산

7 외국납부세액 공제

국외자산의 양도소득에 대하여 해당 외국에서 과세를 하는 경우로서 납부하였거나 납부할 것이 있을 때에는 다음의 방법 중 하나를 선택하여 적용할 수 있다.

(1) 외국납부세액의 세액공제방법

(2) 외국납부세액의 필요경비 산입방법

필수 확인문제

01 **소득세법령상 국외자산 양도에 대한 양도소득세에 관한 설명으로 옳은 것은?**

① 국외자산 양도에 대한 양도소득세 납세의무자는 해당 자산의 양도일가지 계속 10년 이상 국내에 주소를 둔 거주자만 해당한다.
② 외국법인이 발행한 주식의 양도로 발생하는 소득은 국외자산 양도소득의 범위에 포함된다.
③ 양도 당시의 실지거래가액이 확인되더라도 외국정부의 평가가액을 양도가액으로 먼저 적용한다.
④ 국외자산 양도차익을 계산함에 있어서는 양도가액 및 필요경비를 수령하거나 지출한 날 현재 「외국환거래법」에 의한 기준환율 또는 재정환율에 의하여 계산한다.
⑤ 미등기 국외자산에 대한 양도소득세율은 100분의 70이다.

02 **거주자 甲은 2019년에 국외에 1채의 주택을 취득하였고, 2025년에 동 주택을 양도하였다. 이 경우 「소득세법」상 설명으로 <u>틀린</u> 것은?** (단, 甲은 해당 자산의 양도일까지 계속 5년 이상 국내에 주소를 둠)

① 甲의 국외주택에 대한 양도차익은 양도가액에서 취득가액과 필요경비개산공제를 차감하여 계산한다.
② 甲의 국외주택 양도로 발생하는 소득이 환율변동으로 인하여 외화차입금으로부터 발생하는 환차익을 포함하고 있는 경우에는 해당 환차익을 양도소득의 범위에서 제외한다.
③ 甲의 국외주택 양도에 대해서는 해당 과세기간의 양도소득금액에서 연 250만원을 공제한다.
④ 甲은 국외주택을 3년 이상 보유하였음에도 불구하고 장기보유특별공제액은 공제하지 아니한다.
⑤ 甲은 국외주택에 대하여 해당 외국에서 과세를 하는 경우로서 법령이 정한 그 국외자산 양도소득세액을 납부하였거나 납부할 것이 있을 때에는 외국납부세액의 세액공제방법과 필요경비 산입방법 중 하나를 선택하여 적용할 수 있다.

03 **소득세법령상 거주자가 2025년에 양도한 국외지산의 양도소득세에 관한 설명으로 <u>틀린</u> 것은?** (단, 거주자는 해당 국외자산 양도일까지 계속 5년 이상 국내에 주소를 두고 있으며, 국외 외화차입에 의한 취득은 없음)

① 국외자산의 양도에 대한 양도소득이 있는 거주자는 양도소득 기본공제는 적용받을 수 있으나 장기보유 특별공제는 적용받을 수 없다.
② 국외 부동산을 양도하여 발생한 양도차손은 동일한 과세기간에 국내 부동산을 양도하여 발생한 양도소득금액에서 통산할 수 있다.
③ 국외 양도자산이 부동산임차권인 경우 등기여부와 관계없이 양도소득세가 과세된다.
④ 국외자산의 양도가액은 그 자산의 양도 당시의 실지거래가액으로 한다. 다만, 양도 당시의 실지거래가액을 확인할 수 없는 경우에는 양도자산이 소재하는 국가의 양도 당시 현황을 반영한 시가에 따른다.
⑤ 국외 양도자산이 양도 당시 거주자가 소유한 유일한 주택으로서 보유기간이 2년 이상인 경우에도 1세대 1주택 비과세 규정을 적용받을 수 없다.

Answer 01. ④ 02. ① 03. ②

부 록

복습문제 정답

본문의 문제 중 선별된 문제를 모아
다시 한 번 복습할 수 있도록 하였습니다.

필수 복습문제

01 **조세의 납부방법으로 물납과 분할납부가 둘 다 가능한 것을 모두 고른 것은?** (단, 물납과 분할납부의 법정 요건은 전부 충족한 것으로 가정함)

> ㉠ 부동산임대업에서 발생한 사업소득에 대한 종합소득세
> ㉡ 종합부동산세
> ㉢ 취득세
> ㉣ 재산세 도시지역분
> ㉤ 소방분 지역자원시설세

① ㉠ ② ㉡
③ ㉣ ④ ㉠, ㉤
⑤ ㉢, ㉣

02 **「지방세기본법」상 특별시세 세목이 아닌 것은?**

① 주민세 ② 취득세
③ 지방소비세 ④ 지방교육세
⑤ 등록면허세

03 **부동산을 취득하는 경우, 취득단계에서 부담할 수 있는 세금을 모두 고른 것은?**

> ㉠ 재산세 ㉡ 농어촌특별세
> ㉢ 종합부동산세 ㉣ 지방교육세
> ㉤ 인지세

① ㉠, ㉡, ㉢ ② ㉠, ㉡, ㉤
③ ㉠, ㉢, ㉣ ④ ㉡, ㉣, ㉤
⑤ ㉢, ㉣, ㉤

04 **국내소재 부동산의 보유단계에서 부담할 수 있는 세목을 모두 몇 개인가?**

> • 농어촌특별세
> • 지방교육세
> • 개인지방소득세
> • 소방분 지역자원시설세

① 0개 ② 1개
③ 2개 ④ 3개
⑤ 4개

05 **「지방세기본법」 및 「지방세법」상 용어의 정의에 관한 설명으로 틀린 것은?**

① '보통징수'란 지방세를 징수할 때 편의상 징수할 여건이 좋은 자로 하여금 징수하게 하고 그 징수한 세금을 납부하게 하는 것을 말한다.
② 취득세에 사용하는 용어 중 '부동산'이란 토지 및 건축물을 말한다.
③ '세무공무원'이란 지방자치단체의 장 또는 지방세의 부과 · 징수 등에 관한 사무를 위임받은 공무원을 말한다.
④ '납세자'란 납세의무자(연대납세의무자와 제2차 납세의무자 및 보증인 포함)와 특별징수의무자를 말한다.
⑤ '지방자치단체의 징수금'이란 지방세 및 체납처분비를 말한다.

06 「지방세기본법」상 용어의 정의로 옳은 것은?

① '연대납세의무자'란 납세자가 납세의무를 이행할 수 없는 경우에 납세자를 갈음하여 납세의무가 있는 자를 말한다.

② '표준세율'이란 지방자치단체가 지방세를 부과할 경우에 조례의 위임을 받은 지방자치단체장이 정하는 바에 따라 가감하여 적용하여야 할 세율을 말한다.

③ '납세의무자'란 세법에 따라 지방세를 납부할 의무가 있는 자를 말하며 지방세를 특별징수하여 납부할 의무가 있는 자는 제외한다.

④ '체납처분비'란 지방세를 체납한 경우 「지방세기본법」에 따라 고지세액에 가산하여 징수하는 금액과 행정처리에 드는 비용을 말한다.

⑤ '징수'란 지방자치단체의 장이 「지방세기본법」 또는 지방세관계법에 따라 납세의무자에게 지방세를 부담하게 하는 것을 말한다.

07 국세 및 지방세의 연대납세의무에 관한 설명으로 옳은 것은?

① 공동주택의 공유물에 관계되는 지방자치단체의 징수금은 공유자가 연대하여 납부할 의무를 진다.

② 공동으로 소유한 자산에 대한 양도소득금액을 계산하는 경우에는 해당 자산을 공동으로 소유하는 공유자가 그 양도소득세를 연대하여 납부할 의무를 진다.

③ 공동사업에 관한 소득금액을 계산하는 경우(주된 공동사업자에게 합산과세되는 경우 제외)에는 해당 공동사업자가 그 종합소득세를 연대하여 납부할 의무를 진다.

④ 상속으로 인하여 단독주택을 상속인이 공동으로 취득하는 경우에는 상속인 각자가 상속받는 취득물건을 취득한 것으로 보고, 공동상속인이 그 취득세를 연대하여 납부할 의무를 진다.

⑤ 어느 연대납세의무자에 대하여 소멸시효가 완성된 때에도 다른 연대납세의무자의 납세의무에는 영향을 미치지 아니한다.

08 국세 및 지방세의 납세의무 성립시기에 관한 내용으로 옳은 것은? (단, 특별징수 및 수시부과와 무관함)

① 사업소분 주민세: 매년 7월 1일

② 거주자의 양도소득에 대한 지방소득세: 매년 3월 31일

③ 재산세에 부가되는 지방교육세: 매년 8월 1일

④ 중간예납하는 소득세: 매년 12월 31일

⑤ 자동차 소유에 대한 자동차세: 납기가 있는 달의 10일

09 「지방세기본법」상 납세의무의 성립시기로 옳은 것은?

① 개인분 주민세: 재산세 과세기준일

② 수시부과에 의하여 징수하는 재산세: 수시부과 하는 때

③ 무신고가산세: 가산세를 가산할 사유가 발생하는 때

④ 지방교육세: 그 과세표준이 되는 세목의 납세의무가 성립하는 때

⑤ 원천징수하는 소득세: 과세기간이 끝나는 때

10 **원칙적으로 과세관청의 결정에 의하여 납세의무가 확정되는 지방세를 모두 고른 것은?**

㉠ 취득세	㉡ 종합부동산세
㉢ 재산세	㉣ 양도소득세

① ㉠ ② ㉡ ③ ㉢
④ ㉡, ㉢ ⑤ ㉢, ㉣

11 **부동산 관련 조세의 납세의무가 원칙적으로 확정되는 시기이다. 이 중 가장 옳게 연결된 것은?**

① 종합부동산세: 해당 종합부동산세의 과세표준과 세액을 정부가 결정하는 때
② 소득세: 해당 소득세의 과세표준과 세액을 정부가 결정하는 때
③ 취득세: 해당 취득세의 과세표준과 세액을 지방자치단체가 결정하는 때
④ 신고납부하지 않은 지방세: 해당 지방세의 과세표준과 세액을 해당 지방자치단체가 통지하는 때
⑤ 재산세: 해당 재산세의 과세표준과 세액을 지방자치단체에 신고하는 때

12 **거주자인 개인 甲이 乙로부터 부동산을 취득하여 보유하고 있다가 丙에게 양도하였다. 甲의 부동산 관련 조세의 납세의무에 관한 설명으로 틀린 것은?** (단, 주어진 조건 외에는 고려하지 않음)

① 甲이 乙로부터 증여받은 것이라면 그 계약일에 취득세 납세의무가 성립한다.
② 甲이 乙로부터 부동산을 취득 후 재산세 과세기준일까지 등기하지 않았다면 재산세와 관련하여 乙은 부동산 소재지 관할 지방자치단체의 장에게 소유권변동사실을 신고할 의무가 있다.
③ 甲이 종합부동산세를 신고납부방식으로 납부하고자 하는 경우 과세표준과 세액을 해당 연도 12월 1일부터 12월 15일까지 관할 세무서장에게 신고하는 때에 종합부동산세 납세의무는 확정된다.
④ 甲이 乙로부터 부동산을 40만원에 취득한 경우 등록면허세 납세의무가 있다.
⑤ 양도소득세의 예정신고만으로 甲의 양도소득세 납세의무가 확정되지 아니한다.

13 **지방세기본법령상 가산세에 관한 내용으로 옳은 것은?**

① 무신고가산세(사기나 그 밖의 부정한 행위로 인하지 않은 경우): 무신고납부세액의 100분의 20에 상당하는 금액
② 무신고가산세(사기나 그 밖의 부정한 행위로 인한 경우): 무신고납부세액의 100분의 50에 상당하는 금액
③ 과소신고가산세(사기나 그 밖의 부정한 행위로 인하지 않은 경우): 무신고납부세액의 100분의 20에 상당하는 금액
④ 과소신고가산세(사기나 그 밖의 부정한 행위로 인한 경우): 무신고납부세액의 100분의 50에 상당하는 금액
⑤ 납부지연가산세: 납부하지 아니한 세액의 100분의 20에 상당하는 금액

14 **지방세기본법령 및 지방세법상 가산세에 관한 설명으로 틀린 것은?**

① 가산세는 해당 의무가 규정된 지방세관계법의 해당 지방세의 세목으로 하며, 지방세를 감면하는 경우에 가산세는 감면대상에 포함시키지 아니한다.
② 「지방세법」 제532조에 따른 무신고가산세 및 제54조에 따른 과소신고가산세는 가산세를 법정신고기한이 경과하는 때에 납세의무가 성립한다.
③ 신고 당시 소유권에 대한 소송으로 상속재산으로 확정되지 아니하여 과소신고한 경우에는 가산세를 부과하지 아니한다.
④ 납세자가 의무를 이행하지 아니한 데에 정당한 사유가 있는 경우에 해당 가산세는 부과되지 아니한다.
⑤ 과세표준신고서를 법정신고기한까지 제출한 자가 법정신고기한이 지난 후 1개월 이내에 수정신고한 경우에는 가산세를 부과하지 아니한다.

15 **지방세기본법령 및 국세기본법령상 부과에 관한 설명으로 옳은 것은?**

① 과세표준신고서를 법정신고기한까지 제출하지 아니한 자가 법정신고기한이 지난 후 1개월 이내에 기한 후 신고한 경우에는 무신고가산세의 100분의 90을 감면한다.
② 수정신고는 관할세무서장이 각 세법에 따라 해당 국세의 과세표준과 세액을 결정 또는 경정하여 통지하기 전으로서 국세부과의 제척기간이 끝나기 전까지 할 수 있다.
③ 수정신고, 기한 후 신고 중 신고납부세목에 대하여 과세표준신고서를 법정신고기한까지 제출하지 아니한 자의 기한 후 신고만 과세표준과 세액을 확정하는 효력을 가진다.
④ 기한 후 신고서를 제출한 자가 과세표준수정신고서를 제출한 경우 관할 세무서장은 신고일부터 2개월 이내에 해당 지방세의 과세표준과 세액을 결정 또는 경정하여 신고인에게 통지하여야 한다.
⑤ 과세표준신고서를 법정기한까지 제출한 자가 하는 국세의 수정신고는 당초의 신고에 따라 확정된 과세표준과 세액을 감액하여 확정하는 효력을 가진다.

16 **국세기본법령상 국세의 부과제척기간에 관한 설명으로 옳은 것은?**

① 납세자가 「조세범 처벌법」에 따른 사기나 그 밖의 부정한 행위로 종합소득세를 포탈하는 경우(역외거래 제외) 그 국세를 부과할 수 있는 날부터 15년을 부과제척기간으로 한다.
② 지방국세청장은 「행정소송법」에 따른 소송에 대한 판결이 확정된 경우 그 판결이 확정된 날부터 2년이 지나기 전까지 경정이나 그 밖의 필요한 처분을 할 수 있다.
③ 세무서장은 「감사원법」에 따른 심시청구에 대한 결정에 의하여 명의대여 사실이 확인되는 경우에는 당초의 부과처분을 취소하고 그 결정이 확정된 날부터 1년 이내에 실제 사업을 경영한 자에게 경정이나 그 밖에 필요한 처분을 할 수 있다.
④ 종합부동산세의 경우 부과제척기간의 기산일은 과세표준과 세액에 대한 신고기한의 다음 날이다.
⑤ 납세자가 법정신고기한까지 과세표준신고서를 제출하지 아니한 경우(역외거래 제외)에는 해당 국세를 부과할 수 있는 날부터 10년을 부과제척기간으로 한다.

17 **국세기본법령 및 지방세기본법령상 국세 또는 지방세 징수권의 소멸시효에 관한 설명으로 옳은 것은?**

① 가산세를 제외한 국세가 10억원인 경우 국세징수권은 5년 동안 행사하지 아니하면 소멸시효가 완성된다.

② 가산세를 제외한 지방세가 1억원인 경우 지방세징수권은 7년 동안 행사하지 아니하면 소멸시효가 완성된다.

③ 가산세를 제외한 지방세가 5천만원인 경우 지방세징수권은 5년 동안 행사하지 아니하면 소멸시효가 완성된다.

④ 납세의무자가 양도소득세를 확정신고하였으나 정부가 경정하는 경우, 국세징수권을 행사할 수 있는 때는 납세의무자가 확정신고한 법정신고납부기한의 다음 날이다.

⑤ 납세의무자가 취득세를 신고하였으나 지방자치단체의 장이 경정하는 경우, 납세고지한 세액에 대한 지방세징수권을 행사할 수 있는 때는 그 납세고지서에 따른 납부기한의 다음 날이다.

18 **지방세기본법령 및 국세기본법령상 납세의무에 관한 설명으로 틀린 것은?**

① 지방자치단체의 장이 「민법」 제404조에 따른 채권자대위 소송의 제기로 인한 시효정지는 소송이 각하·기각되거나 취하된 경우에는 효력이 없다.

② 납세고지로 중단된 지방세징수권의 시효는 고지한 납부기간이 지난 때부터 새로 진행한다.

③ 국세부과의 제척기간은 시효의 중단과 정지제도가 없지만, 국세징수의 소멸시효는 시효의 중단과 정지제도가 있다.

④ 납세자가 신고하는 소득세의 부과제척기간의 기산일은 과세표준신고기한의 다음 날이고, 소멸시효의 기산일은 그 법정신고납부기한의 다음 날이다.

⑤ 국세징수권의 소멸시효는 세법에 따른 분납기간이 지난 때부터 새로 진행된다.

19 **국세기본법령 및 지방세기본법령상 조세와 일반채권의 관계에 관한 설명으로 옳은 것은?**

① 과세표준과 세액의 신고에 따라 납세의무가 확정되는 국세의 경우 신고한 해당 세액의 법정기일은 그 법정 신고납부기한의 다음 날이다.

② 법정기일 전에 전세권이 설정된 재산이 국세의 강제징수 또는 경매 절차 등을 통하여 매각되어 그 매각금액에서 국세를 징수하는 경우, 그 전세권에 의하여 담보된 채권 또는 임대차보증금반환채권은 해당 재산에 대하여 부과된 종합부동산세보다 우선한다.

③ 지방세 체납처분에 의하여 납세자의 재산을 압류한 경우에 국세 및 강제징수비의 교부청구가 있으면 교부청구된 국세 및 강제징수비는 압류에 관계되는 지방세와 같은 순위로 징수한다.

④ 납세담보물을 매각하였을 때에는 그 국세 및 강제징수비는 매각대금 중에서 다른 국세 및 강제징수비와 지방세에 우선하여 징수한다.

⑤ 법정기일 전에 저당권 설정등기 사실이 증명되는 재산을 매각하여 그 매각대금에서 취득세를 징수하는 경우, 저당권에 따라 담보된 채권은 취득세에 우선하지 못한다.

20 국세기본법령 및 지방세기본법령상 조세채권와 일반채권의 우선관계에 관한 설명으로 <u>틀린</u> 것은? (단, 납세의무자의 신고는 적법한 것으로 가정함)

① 토지를 양도한 거주자가 양도소득세 과세표준과 세액을 예정신고한 경우 양도소득세의 법정기일은 그 예정신고일이다.

② 취득세의 과세표준과 세액을 지방자치단체가 결정 또는 경정하는 경우에 고지한 해당 취득세의 법정기일은 납세고지서의 발송일이다.

③ 주택의 직전 소유자가 국세의 체납 없이 전세권이 설정된 주택을 양도하였으나, 양도 후 현재 소유자의 소득세가 체납되어 해당 주택의 매각으로 그 매각금액에서 소득세를 강제징수하는 경우 그 소득세는 해당 주택의 전세권담보채권에 우선한다.

④ 강제집행으로 부동산을 매각할 때 그 매각대금 중에 국세를 징수하는 경우, 강제집행비용은 국세에 우선한다.

⑤ 재산의 매각대금 배분시 당해 재산에 부과된 재산세는 당해 재산에 설정된 저당권에 따라 담보된 채권보다 우선한다.

21 거주자 甲은 A은행의 저당권이 설정된 주택을 거주자 乙에게 양도하였고, 관할 세무서장은 乙이 체납한 소득세와 종합부동산세를 징수하기 위해 주택을 압류하여 8,000만원에 매각하였다. 주택의 매각금액 중 A은행이 회수할 수 있는 금액으로 옳은 것은?

구 분		금 액	기준일
甲	부가가치세 체납	3,500만원	2024.1.25. (법정기일)
甲	A은행 대출금	5,000만원	2024.4.4. (저당권설정일)
乙	소득세 체납	4,000만원	2024.3.10. (법정기일)
乙	종합부동산세 체납	1,150만원	2024.12.15. (법정기일)

① 0원 ② 500만원 ③ 2,850만원
④ 3,350만원 ⑤ 5,000만원

22 「지방세기본법」상 이의신청 또는 심판청구에 관한 설명으로 <u>틀린</u> 것은?

① 이의신청은 처분이 있는 것을 안 날(처분의 통지를 받았을 때에는 그 통지를 받은 날)부터 90일 이내에 하여야 한다.

② 이의신청을 거친 후에 심판청구를 할 때에는 이의신청에 대한 결정통지를 받은 날부터 90일 이내에 심판청구를 하여야 한다.

③ 이의신청에 대한 결정기간 내에 이의신청에 대한 결정통지를 받지 못한 경우에는 결정통지를 받기 전이라도 그 결정기간이 지난 날부터 심판청구를 할 수 있다.

④ 이의신청 또는 심판청구는 그 처분의 집행에 효력을 미치지 아니한다. 다만, 압류한 재산에 대하여 이의신청, 심판청구의 결정처분이 있는 날부터 60일까지 공매처분을 보류할 수 있다.

⑤ 이의신청인이 재해 등을 입어 이의신청기간 내에 이의신청을 할 수 없을 때에는 그 사유가 소멸한 날부터 14일 이내에 이의신청을 할 수 있다.

23 「지방세기본법」상 이의신청 또는 심판청구에 관한 설명으로 틀린 것은?

① 「지방세기본법」에 따른 과태료의 부과처분을 받은 자는 이의신청 또는 심판청구를 할 수 없다.
② 이의신청을 받은 지방자치단체의 장은 그 신청의 서식 또는 절차에 결함이 있는 경우에는 20일간의 보정기간을 정하여 문서로 그 결함의 보정을 요구할 수 있다.
③ 이의신청인은 신청금액이 2천만원 미만인 경우에는 그의 배우자, 4촌 이내의 혈족 또는 그의 배우자의 4촌 이내 혈족을 대리인으로 선임할 수 있다.
④ 지방세에 관한 불복시 불복청구인은 심판청구를 거치지 아니하고도 행정소송을 제기할 수 있다.
⑤ 심사청구가 이유 없다고 인정될 때에는 청구를 기각하는 결정을 한다.

24 「지방세기본법」상 이의신청과 심판청구에 관한 설명으로 옳은 것을 모두 고른 것은?

> ㉠ 통고처분은 이의신청 또는 심판청구의 대상이 되는 처분에 포함한다.
> ㉡ 동일한 처분에 대하여 이의신청과 심판청구를 중복하여 제기할 수 없다.
> ㉢ 보정기간은 결정기간에 포함하지 아니한다.
> ㉣ 이의신청을 거치지 아니하고 바로 심판청구를 할 수는 없다.

① ㉠ ② ㉡ ③ ㉠, ㉣
④ ㉡, ㉢ ⑤ ㉢, ㉣

25 「지방세기본법」상 서류의 송달에 관한 설명으로 틀린 것은?

① 연대납세의무자에게 납세의 고지에 관한 서류를 송달할 때에는 연대납세의무자 모두에게 각각 송달하여야 한다.
② 기한을 정하여 납세고지서를 송달하였더라도 서류가 도달한 날부터 10일이 되는 날에 납부기한이 되는 경우 지방자치단체의 징수금의 납부기한은 해당 서류가 도달한 날부터 14일이 지난 날로 한다.
③ 납세관리인이 있을 때에는 납세의 고지와 독촉에 관한 서류는 그 납세관리인의 주소 또는 영업소에 송달한다.
④ 교부에 의한 서류송달의 경우에 송달할 장소에서 서류를 송달받아야 할 자를 만나지 못하였을 때에는 그의 사용인으로서 사리를 분별할 수 있는 사람에게 서류를 송달할 수 있다.
⑤ 서류송달을 받아야 할 자의 주소 또는 영업소가 분명하지 아니한 경우에는 서류의 주요 내용을 공고한 날부터 14일이 지나면 서류의 송달이 된 것으로 본다.

26 지방세기본법령상 서류의 송달에 관한 설명으로 옳은 것은?

① 납세자가 과세표준신고서를 국세정보통신망을 이용하여 제출하는 경우에는 해당 신고서가 국세청장에게 전송된 때에 신고된 것으로 보고, 과세관청이 송달서류를 국세정보통신만에 저장하여 전자송달하는 경우에는 납세자가 해당 서류를 확인한 때 송달한 것으로 본다.

② 납세의 고지와 독촉에 관한 서류를 연대납세의무자에게 송달할 때에는 그 대표자를 명의인으로 하며, 대표자가 없을 때에는 연대납세의무자 중 지방세를 징수하기에 유리한 자를 명의인으로 한다.

③ 서류를 송달받아야 할 자 또는 그 사용인이나 그 밖의 종업원 또는 동거인으로서 사리를 판별할 수 있는 사람이 정당한 사유 없이 서류 수령을 거부할 때에는 공시송달의 방법에 의한다.

④ 송달받아야 할 사람이 교정시설 또는 국가경찰관서의 유치장에 체포·구속 또는 유치(留置)된 사실이 확인된 경우에는 공시송달의 방법에 의한다.

⑤ 납세자가 과세표준신고서를 우편으로 제출하는 경우로 우편날짜도장이 찍힌 경우 우편날짜도장이 찍힌 날에 신고된 것으로 보고, 과세관청이 납부고지서를 우편송달하는 경우 송달받아야 할 자에게 도달하는 때부터 송달의 효력이 발생한다.

27 지방세법령상 취득세가 과세될 수 있는 것으로 틀린 것은?

① 토지를 사실상 취득하였지만 등기하지 않은 경우

② 개수로 인한 취득으로서 건축물 면적이 증가하지 않은 경우

③ 토지의 지목을 사실상 변경함으로써 그 가액이 증가하지 않은 경우

④ 건축물의 이전으로 인한 취득으로서 이전한 건축물 가액이 종전 건축물 가액을 초과하지 않는 경우

⑤ 「민법」상 이혼을 원인으로 하는 재산분할로 부동산을 취득하는 경우

28 지방세법령상 취득세가 과세되는 경우가 아닌 것은?

① 파산선고로 인하여 처분되는 부동산을 취득한 경우

② 「민법」에 다른 채권자대위권의 행사에 의하여 공동상속인들의 법정상속분대로 등기 등이 된 상속재산을 상속인 사이의 협의분할에 의하여 재산분할하는 경우의 취득

③ 형제 간에 부동산을 상호교환한 경우

④ 직계존속으로부터 거주하는 주택을 증여받은 경우

⑤ 차량, 기계장비, 항공기 및 주문을 받아 건조하는 선박을 승계취득한 경우

29 「지방세법」상 취득세에 관한 설명으로 옳은 것은?

① 토지의 지목을 사실상 변경함으로써 그 가액이 증가한 경우에는 취득으로 보지 아니한다.
② 상속회복청구의 소에 의한 법원의 확정판결에 의하여 특정 상속인이 당초 상속분을 초과하여 취득하게 되는 재산가액은 상속분이 감소한 상속인으로부터 증여받아 취득한 것으로 본다.
③ 권리의 이전이나 행사에 등기 또는 등록이 필요한 부동산을 직계존속과 서로 교환한 경우에는 무상으로 취득한 것으로 본다.
④ 법인설립 시에 발행하는 주식을 취득함으로써 「지방세기본법」에 따른 과점주주가 되었을 때에는 그 과점주주가 해당 법인의 부동산등을 취득한 것으로 본다.
⑤ 증여자가 배우자 또는 직계존비속이 아닌 경우 증여자의 채무를 인수하는 부담부증여의 경우에는 그 채무액에 상당하는 부분은 부동산등을 유상으로 취득한 것으로 본다.

30 지방세법령상 부동산의 유상취득으로 보지 않는 것은?

① 공매를 통하여 배우자의 부동산을 취득한 경우
② 파산선고로 인하여 처분되는 직계비속의 부동산을 취득한 경우
③ 배우자의 부동산을 취득한 경우로서 그 취득대가를 지급한 사실을 증명한 경우
④ 권리의 이전이나 행사에 등기가 필요한 부동산을 직계존속과 서로 교환한 경우
⑤ 증여자의 채무를 인수하는 부담부증여로 취득한 경우로서 그 채무액에 상당하는 부분을 제외한 나머지 부분의 경우

31 「지방세법」상 취득세의 납세의무에 관한 설명으로 틀린 것은?

① 부동산의 취득은 「민법」 등 관계 법령에 따른 등기를 하지 아니한 경우라도 사실상 취득하면 취득한 것으로 본다.
② 「주택법」에 따른 주택조합이 해당 조합원용으로 취득하는 조합주택용 부동산(조합원에게 귀속되지 아니하는 부동산은 제외)은 그 조합원이 취득한 것으로 본다.
③ 상속으로 인하여 단독주택을 상속인이 공동으로 취득하는 경우에는 상속인 각자가 상속받는 취득물건을 취득한 것으로 보고, 공동상속인이 그 취득세를 연대하여 납부할 의무를 진다.
④ 「도시개발법」에 따른 도시개발사업의 시행으로 해당 사업의 대상이 되는 부동산의 소유자가 환지계획에 따라 공급받는 건축물은 그 소유자가 승계취득한 것으로 본다.
⑤ 외국인 소유의 차량을 국내의 대여시설이용자에게 대여하기 위하여 소유권을 이전받는 조건으로 임차하여 수입하는 경우에는 수입하는 자가 취득한 것으로 본다.

32 「지방세법」상 취득세의 납세의무에 관한 설명으로 틀린 것은?

① 「민법」 등 관계 법령에 따른 등기를 하지 아니한 부동산의 취득은 사실상 취득하더라도 취득한 것으로 볼 수 없다.
② 토지의 지목을 사실상 변경함으로써 그 가액이 증가한 경우에는 취득으로 본다.
③ 「도시 및 주거환경정비법」에 따른 정비사업의 시행으로 해당 사업의 대상이 되는 부동산의 소유자가 관리처분계획에 따라 공급받거나 토지상환채권으로 상환받는 토지(당초 소유한 토지 면적을 초과한 부분으로 한정함)는 그 소유자가 승계취득한 것으로 본다.
④ 차량, 기계장비, 항공기 및 주문을 받아 건조하는 선박은 승계취득인 경우에만 취득으로 본다.
⑤ 「여신전문금융업법」에 따른 시설대여업자가 건설기계나 차량의 시설대여를 하는 경우로서 대여시설이용자의 명이로 등록하는 경우 그 건설기계나 차량은 시설대여업자가 취득한 것으로 본다.

33 「지방세법」상 취득세의 납세의무에 관한 설명으로 틀린 것은?

① 건축물 중 조작 설비에 속하는 부분으로서 그 주체구조부와 하나가 되어 건축물로서의 효용가치를 이루고 있는 것에 대하여는 주체구조부 취득자 외의 자가 가설한 경우에도 주체구조부의 취득자가 함께 취득한 것으로 본다.
② 「도시개발법」에 따른 환지방식에 의한 도시개발사업의 시행으로 토지의 지목이 사실상 변경됨으로써 그 가액이 증가한 경우에는 그 환지계획에 따라 공급되는 환지는 사업시행자가, 체비지 또는 보류지는 조합원이 각각 취득한 것으로 본다.
③ 경매를 통하여 배우자의 부동산을 취득하는 경우에는 유상으로 취득한 것으로 본다.
④ 형제자매인 증여자의 채무를 인수하는 부동산의 부담부증여의 경우에는 그 채무액에 상당하는 부분은 부동산을 유상으로 취득하는 것으로 본다.
⑤ 부동산의 승계취득은 「민법」 등 관계 법령에 따른 등기를 하지 아니한 경우라도 사실상 취득하면 취득한 것으로 보고 그 부동산의 양수인을 취득자로 한다.

34 「지방세법」상 과점주주의 간주취득세가 과세되는 경우가 아닌 것은 모두 몇 개인가?

> ㉠ 법인설립 시에 발행하는 주식을 취득함으로써 과점주주가 되는 경우
> ㉡ 과점주주가 아닌 주주가 다른 주주로부터 주식을 취득함으로써 최초로 과점주주가 된 경우
> ㉢ 이미 과점주주가 된 주주가 해당 법인의 주식을 취득하여 해당 법인의 주식의 총액에 대한 과점주주가 가진 주식의 비율이 증가된 경우
> ㉣ 과점주주 집단 내부에서 주식이 이전되었으나 과점주주 집단이 소유한 총주식의 비율에 변동이 없는 경우

① 0개　② 1개　③ 2개
④ 3개　⑤ 4개

35 「지방세법」상 과점주주의 간주취득세에 관한 설명으로 옳지 않은 것은?

① '과점주주'란 주주 또는 유한책임사원 1명과 그의 특수관계인 중 대통령령으로 정하는 자로서 그들의 소유주식의 합계 또는 출자액의 합계가 해당 법인의 발행주식 총수 또는 출자총액의 100분의 50을 초과하면서 그에 관한 권리를 실질적으로 행사하는 자들을 말한다.
② 법인의 과점주주가 아닌 주주가 다른 주주의 주식을 취득하거나 증자 등으로 최초로 과점주주가 된 경우에는 그 최초로 과점주주가 된 날 현재 해당 과점주주가 소유하고 있는 법인의 주식을 모두 취득한 것으로 보아 취득세를 부과한다.
③ 법인설립 시에 발행하는 주식 또는 지분을 취득함으로써 과점주주가 된 때에는 해당 법인의 부동산등을 취득한 것으로 보지 아니한다.
④ 이미 과점주주가 된 주주가 해당 법인의 주식을 취득하여 과점주주의 주식비율이 증가된 경우 증가된 후의 주식비율이 해당 과점주주가 이전에 가지고 있던 주식의 최고비율보다 증가되지 아니한 경우에도 취득세를 부과한다.
⑤ 과점주주 집단 내부에서 주식이 이전되었으나 과점주주 집단이 소유한 총주식의 비율에 변동이 없는 경우에는 취득세를 부과하지 아니한다.

36 甲이 비상장법인 (주)A의 의결권 있는 주식의 취득 및 양도 행위를 반복하여 (주)A의 주식 총액에 대한 甲이 가진 주식의 비율이 다음과 같이 변동되었다. 甲이 75%를 보유하게 된 시점에 취득세의 부과범위는? (단, 甲은 「지방세법」에 따른 과점주주의 취득세 과세요건을 충족하고, 주식의 비율 변동과 관련된 체납세액이 없으며, 지방세특례는 고려하지 않는다)

변동순서	구 분	(주)A의 주식 총액에 대한 甲이 가진 주식의 비율
1	(주)A 설립 시 취득 51%	51%
2	추가 취득 9%	60%
3	일부 양도 20%	40%
4	추가 취득 35%	75%

① 주식의 비율 15 % 증가분
② 주식의 비율 24 % 증가분
③ 주식의 비율 35 % 증가분
④ 주식의 비율 55 % 증가분
⑤ 주식의 비율 75 % 증가분

37 **「지방세법」상 취득의 시기 등에 관한 설명으로 옳은 것은?**

① 부동산을 연부로 취득하는 것은 등기일에 관계없이 그 사실상의 최종 연부금 지급일을 취득일로 본다.
② 관계 법령에 따라 매립으로 토지를 원시취득하는 경우에는 그 취득물건의 등기일을 취득일로 본다.
③ 「주택법」 제111조에 따른 주택조합이 주택건설사업을 하면서 조합원으로부터 취득하는 토지 중 조합원에게 귀속되지 아니하는 토지를 취득하는 경우에는 「주택법」 제49조에 따른 사용검사를 받은 날에 그 토지를 취득한 것으로 본다.
④ 「도시 및 주거환경정비법」 제35조 제3항에 따른 주택재건축조합이 주택재건축사업을 하면서 조합원으로부터 취득하는 토지 중 조합원에게 귀속되지 아니하는 토지를 취득하는 경우에는 「도시 및 주거환경정비법」 제86조 제2항에 따른 소유권 이전고시일에 그 토지를 취득한 것으로 본다.
⑤ 토지의 지목변경에 따른 취득은 토지의 지목이 사실상 변경된 날을 취득일로 본다.

38 **「지방세법」상 취득의 시기에 관한 설명으로 <u>틀린</u> 것은?**

① 상속으로 인한 취득의 경우: 상속개시일
② 공매방법에 의한 취득의 경우: 그 사실상의 잔금지급일과 등기일 또는 등록일 중 빠른 날
③ 건축물(주택 아님)을 건축하여 취득하는 경우로서 사용승인서를 내주기 전에 임시사용승인을 받은 경우: 그 임시사용승인일과 사실상의 사용일 중 빠른 날
④ 「민법」 제245조에 따른 점유로 인한 취득의 경우: 취득물건의 등기일 또는 등록일
⑤ 토지의 지목변경에 따른 취득은 지목변경일 이전에 그 사용여부와 관계없이 사실상 변경된 날과 공부상 변경된 날 중 빠른 날을 취득일로 본다.

39 **지방세기본법령 및 지방세법령상 취득세 납세의무의 성립에 관한 설명으로 <u>틀린</u> 것은?**

① 상속으로 인한 취득의 경우에는 상속개시일이 납세의무의 성립시기이다.
② 부동산의 증여계약으로 인한 취득에 있어서 소유권이전등기를 하지 않고 계약일이 속하는 달의 말일부터 3개월 이내에 공증받은 공정증서로 계약이 해제된 사실이 입증되는 경우에는 취득한 것으로 보지 않는다.
③ 유상승계취득의 경우 신고인이 제출한 자료로 사실상의 잔금지급일을 확인할 수 있는 때에는 사실상의 잔금지급일과 등기일 또는 등록일 중 빠른 날이 납세의무의 성립시기이다.
④ 「민법」에 따른 이혼시 재산분할로 인한 부동산 취득의 경우에는 취득물건의 등기일이 납세의무의 성립시기이다.
⑤ 「도시 및 주거환경정비법」에 따른 재건축조합이 재건축사업을 하면서 조합원으로부터 취득하는 토지 중 조합원에게 귀속되지 아니하는 토지를 취득하는 경우에는 같은 법에 따른 준공인가 고시일의 다음 날이 납세의무의 성립시기이다.

40 지방세법령상 취득세의 취득당시가액에 관한 설명으로 옳은 것은? (단, 주어진 조건 외에는 고려하지 않음)

① 건축물을 교환으로 취득하는 경우에는 교환으로 이전받는 건축물의 시가표준액과 이전하는 건축물의 시가표준액 중 낮은 가액을 취득당시가액으로 한다.
② 상속에 따른 건축물 무상취득의 경우에는 「지방세법」 제4조에 따른 시가표준액을 취득당시가액으로 한다.
③ 대물변제에 따른 건축물 취득의 경우에는 대물변제액(대물변제액 외에 추가로 지급한 금액이 있는 경우에는 그 금액을 제외한다)을 취득당시가액으로 한다.
④ 법인이 아닌 자가 건축물을 건축하여 취득하는 경우로서 사실상취득가격을 확인할 수 없는 경우에는 시가인정액을 취득당시가액으로 한다.
⑤ 토지의 지목을 사실상 변경한 경우에는 지목변경 이후의 토지에 대한 시가표준액을 취득당시가액으로 한다.

41 지방세법령상 취득세의 과세표준에 관한 설명으로 옳은 것은?

① 법인이 아닌 자가 토지의 지목을 사실상 변경한 경우에는 토지의 지목이 사실상 변경된 때를 기준으로 지목변경 이후의 토지에 대한 시가표준액에서 지목변경 전의 토지에 대한 시가표준액을 뺀 가액으로 한다.
② 지방자치단체의 장은 특수관계인으로부터 시가표준액보다 낮은 가격으로 부동산을 취득(매매)하는 경우 시가표준액을 과세표준으로 결정할 수 있다. 단, 시가표준액과 사실상 취득가격의 차액은 3억원이다.
③ 양도담보의 경우 양도담보에 따른 채무액(채무액 외에 추가로 지급하는 금액이 있는 경우에는 그 금액을 포함한다)을 취득당시가액으로 한다. 다만, 그 채무액이 시가인정액보다 적은 경우에는 시가인정액으로 한다.
④ 시가표준액이 1억원 이하인 부동산을 증여로 취득하는 경우에는 시가인정액과 시가표준액 중에서 높은 가액으로 한다.
⑤ 부동산을 교환으로 취득하는 경우 이전받는 부동산의 시가인정액을 과세표준으로 한다.

42 지방세법령상 취득세에 관한 설명으로 옳은 것은?

① 연부로 취득하는 경우 취득세의 과세표준은 연부금액(매회 사실상 지급되는 금액을 말하며, 취득금액에 포함되는 계약보증금을 포함한다)으로 한다.
② 시가표준액이 1억원을 초과하는 건축물을 증여로 취득하는 경우에는 시가인정액을 취득당시가액으로 한다. 다만, 시가인정액이 시가표준액보다 적은 경우에는 시가표준액으로 한다.
③ 법인이 아닌 자가 건축물을 개수하는 경우로서 사실상취득가격을 확인할 수 없는 경우에는 시가인정액을 취득당시가액으로 한다.
④ 건축물을 교환으로 취득하는 경우에는 교환으로 이전받는 건축물의 시가인정액과 이전하는 건축물의 시가인정액(상대방으로부터 추가로 지급받은 금액이 있는 경우 그 금액을 더한다) 중 높은 가액을 취득당시 가액으로 한다.
⑤ 시가인정액이 평가기간(취득일 전 3개월부터 취득일 후 6개월 이내의 기간을 말한다) 내에 둘 이상인 경우에는 취득일 전후로 가장 가까운 날의 가액(그 가액이 둘 이상인 경우에는 평균액을 말한다)을 적용한다.

43 **지방세법령상 부동산의 취득세 과세표준을 사실상 취득가격으로 하는 경우 이에 포함될 수 없는 것은 몇 개인가?** (단, 법인이 아닌 자가 취득한 경우로서 특수관계인과의 거래가 아니며, 취득시기 이전에 지급되었음)

- 건설자금에 충당한 차입금의 이자 또는 이와 유사한 금융비용
- 할부 또는 연부(年賦) 계약에 따른 이자 상당액 및 연체료
- 취득대금 외에 당사자의 약정에 따른 취득자 조건 부담액과 채무인수액
- 「주택도시기금법」에 따라 매입한 국민주택채권을 해당 부동산의 취득 이전에 금융기관에 양도함으로써 발생하는 매각차손
- 이주비, 지장물 보상금 등 취득물건과는 별개의 권리에 관한 보상 성격으로 지급되는 비용
- 「전기사업법」에 따라 전기를 이용하는 자가 분담하는 비용
- 취득에 필요한 용역을 제공받는 대가로 지급하는 용역비·수수료
- 「공인중개사법」에 따른 공인중개사에게 지급하는 중개보수
- 취득대금을 일시급으로 지급하여 일정액을 할인받은 경우 그 할인액

① 4개 ② 5개 ③ 6개
④ 7개 ⑤ 8개

44 **지방세법령상 취득세에 관한 설명으로 옳은 것은?**

① 법인이 아닌 자가 건축물을 매매로 승계취득하는 경우에는 그 건축물을 취득하기 위하여 「공인중개사법」에 따른 공인중개사에게 지급한 중개보수를 취득당시가액에 포함한다.

② 부동산, 차량, 기계장비 또는 항공기는 법령에서 특별한 규정이 있는 경우를 제외하고는 해당 물건을 취득하였을 때의 공부상의 등재 현황에 따라 부과한다.

③ 시가인정액이란 취득일 전 3개월부터 취득일 후 6개월 이내의 기간에 취득 대상이 된 부동산에 대하여 매매, 감정, 경매 또는 경매한 사실이 있는 경우의 가액을 말한다.

④ 평가기간 내에 시가인정액이 둘 이상인 경우에는 취득일 전후로 가장 가까운 날의 가액(그 가액이 둘 이상인 경우에는 평균액을 말한다)을 적용한다.

⑤ 부담부 증여의 경우 취득물건의 시가표준액에서 채무부담액을 뺀 잔액에 대해서는 무상취득에서의 과세표준을 적용한다.

45 **「지방세법」상 시가표준액에 관한 설명으로 옳은 것을 모두 고른 것은?**

㉠ 토지의 시가표준액은 세목별 납세의무의 성립 시기 당시 「부동산 가격공시에 관한 법률」에 따른 개별공시지가가 공시된 경우 개별공시지가로 한다.
㉡ 건축물의 시가표준액은 소득세법령에 따라 매년 1회 국세청장이 산정, 고시하는 건물신축가격기준액에 행정안전부장관이 정한 기준을 적용하여 국토교통부장관이 결정한 가액으로 한다.
㉢ 공동주택의 시가표준액은 공동주택가격이 공시되지 아니한 경우에는 지역별·단지별·면적별·층별 특성 및 거래가격을 고려하여 행정안전부장관이 정하는 기준에 따라 국토교통부장관이 산정한 가액으로 한다.

① ㉠ ② ㉠, ㉡ ③ ㉠, ㉢
④ ㉡, ㉢ ⑤ ㉠, ㉡, ㉢

46 **지방세법령상 부동산 취득의 표준세율로 틀린 것은?**

① 원시취득: 1천분의 28
② 상속으로 인한 농지 외의 토지 취득: 1천분의 28
③ 직계존속으로부터 증여로 인한 농지의 취득: 1천분의 35
④ 상호교환으로 농지 외의 토지 취득: 1천분의 30
⑤ 공유농지의 분할로 취득(등기부 등본상 본인지분에 해당함): 1천분의 23

47 **「지방세법」상 부동산 취득시 취득세 과세표준에 적용되는 표준세율로 옳은 것을 모두 고른 것은?** (단, 조정대상지역에 있는 주택은 아님)

㉠ 상속으로 인한 농지 취득: 1천분의 23
㉡ 총유물의 분할로 인한 취득: 1천분의 23
㉢ 원시취득(공유수면의 매립 또는 간척으로 인한 농지취득 제외): 1천분의 28
㉣ 법령으로 정한 비영리사업자의 상속 외의 무상취득: 1천분의 28

① ㉠, ㉡
② ㉠, ㉢
③ ㉡, ㉢
④ ㉡, ㉢, ㉣
⑤ ㉠, ㉡, ㉢, ㉣

48 **지방세법령상 부동산 취득에 대한 취득세의 표준세율로 옳은 것을 모두 고른 것은?** (단, 조례에 의한 세율조정, 지방세관계법령상 특례 및 감면은 고려하지 않음)

㉠ 상속으로 인한 농지 취득: 1천분의 23
㉡ 법인의 합병으로 인한 농지 외의 토지 취득: 1천분의 40
㉢ 공유물의 분할로 인한 취득: 1천분의 17
㉣ 매매로 인한 농지 외의 토지 취득: 1천분의 19

① ㉠, ㉡
② ㉠, ㉢
③ ㉡, ㉢
④ ㉡, ㉢, ㉣
⑤ ㉠, ㉡, ㉢, ㉣

49 **「지방세법」상 취득세의 표준세율이 가장 높은 것은?** (단, 「지방세특례제한법」은 고려하지 않음)

① 상속으로 건물(주택 아님)을 취득한 경우
② 「사회복지사업법」에 따라 설립된 사회복지법인이 독지가의 기부에 의하여 건물을 취득한 경우
③ 영리법인이 공유수면을 매립하여 농지를 취득한 경우
④ 공유물 분할로 인한 취득으로서 등기부등본상 본인 지분에 해당하는 부분
⑤ 유상거래를 원인으로 농지를 취득한 경우

50 **「지방세법」상 취득세 표준세율에서 중과기준세율을 뺀 세율로 산출한 금액을 그 세액으로 하는 것으로만 묶인 것은?** (단, 취득물건은 취득세 중과대상이 아님)

㉠ 환매등기를 병행하는 부동산의 매매로서 환매기간 내에 매도자가 환매한 경우의 그 매도자와 매수자의 취득 ㉡ 존속기간이 1년을 초과하는 임시건축물의 취득 ㉢ 「민법」 제834조, 제839조의2, 제840조에 따른 이혼시 재산분할로 인한 취득 ㉣ 등기부등본상 본인 지분을 초과하지 않는 공유물의 분할로 인한 취득

① ㉠, ㉡ ② ㉡, ㉣
③ ㉢, ㉣ ④ ㉠, ㉡, ㉢
⑤ ㉠, ㉢, ㉣

51 **지방세법령상 취득세 표준세율에서 중과기준세율을 뺀 세율로 산출한 금액을 취득세액으로 하는 경우가 아닌 것은?** (단, 취득물건은 중과대상이 아님)

① 상속으로 인한 취득 중 법령으로 정하는 1가구 1주택 및 그 부속토지의 취득
② 공유물의 분할로 인한 취득(등기부등본상 본인 지분을 초과하지 아니함)
③ 건축물의 이전으로 인한 취득(이전한 건축물의 가액이 종전 건축물의 가액을 초과하지 아니함)
④ 「민법」 제834조, 제839조의2 및 제840조에 따라 재산분할로 인한 취득
⑤ 개수로 인한 취득(개수로 인하여 건축물 면적이 증가하지 아니함)

52 **「지방세법」상 취득세액을 계산할 때 중과기준세율만을 적용하는 경우를 모두 고른 것은?** (단, 취득세 중과물건이 아님)

㉠ 개수로 인하여 건축물 면적이 증가하는 경우 그 증가된 부분 ㉡ 토지의 지목을 사실상 변경함으로써 그 가액이 증가한 경우 ㉢ 법인설립 후 유상증자시에 주식을 취득하여 최초로 과점주주가 된 경우 ㉣ 상속으로 농지를 취득하는 경우

① ㉠, ㉡ ② ㉠, ㉣
③ ㉡, ㉢ ④ ㉠, ㉢, ㉣
⑤ ㉡, ㉢, ㉣

53 **지방세법령상 취득세액을 계산할 때 중과기준세율을 적용하는 것만을 모두 고르면?**

㉠ 외국인 소유의 취득세 과세대상 차량을 임차하여 수입하는 경우의 취득(연부취득이 아님) ㉡ 「지방세법」에 따른 과점주주의 취득 ㉢ 「여신전문금융업법」에 따라 차량을 등록한 대여시설이용자가 그 시설대여업자로부터 취득하는 차량의 취득 ㉣ 존속기간이 1년을 초과하는 임시건축물의 취득

① ㉠, ㉣ ② ㉡, ㉢
③ ㉠, ㉡, ㉢ ④ ㉡, ㉢, ㉣
⑤ ㉠, ㉡, ㉢, ㉣

54 **「지방세법」상 취득세 표준세율과 중과기준세율의 100분의 400을 합한 세율인 중과세율이 적용되는 취득세 과세대상은 다음 중 모두 몇 개인가?** (단, 「지방세법」상 중과세율의 적용요건을 모두 충족하는 것으로 가정함)

- 고급선박
- 골프장
- 고급주택
- 고급오락장
- 과밀억제권역 안에서 법인 본점으로 사용하는 사업용 부동산

① 1개 ② 2개
③ 3개 ④ 4개
⑤ 5개

55 **「지방세법」상 아래의 부동산등을 신(증)축하는 경우 취득세가 중과되는 것을 모두 고른 것은?** (단, 「지방세법」상 중과요건을 충족하는 것으로 가정함)

㉠ 병원의 병실
㉡ 골프장
㉢ 고급주택
㉣ 법인 본점의 사무소 전용 주차타워
㉤ 백화점의 영업장

① ㉠, ㉡, ㉢ ② ㉠, ㉣, ㉤
③ ㉡, ㉢, ㉣ ④ ㉡, ㉢, ㉤
⑤ ㉢, ㉣, ㉤

56 **지방세법령상 취득세에 관한 설명으로 옳은 것은?**

① 환매등기를 병행하는 부동산의 매매로서 환매기간 내에 매도자가 환매한 경우의 그 매도자와 매수자의 취득에 대한 취득세는 표준세율에 중과기준세율을 합한 세율로 산출한 금액으로 한다.
② 대도시에서 법인이 사원에 대한 임대용으로 직접 사용할 목적으로 사원주거용 목적의 공동주택(1구의 건축물의 면적이 60m^2 이하임)을 취득하는 경우에는 중과세율을 적용한다.
③ 세대별 소유주택 수에 따른 중과세율을 적용함에 있어 주택으로 재산세를 과세하는 오피스텔은 해당 오피스텔을 소유한 자의 주택 수에 가산하지 아니한다.
④ 건축물의 개수로 인하여 건축물 면적이 증가할 때에는 그 증가된 부분이 아닌 전체 면적을 원시취득으로 본다.
⑤ 같은 취득물건에 대하여 둘 이상의 세율이 해당되는 경우에는 그중 높은 세율을 적용한다.

57 **「지방세법」상 취득세의 부과 · 징수에 관한 설명으로 옳은 것은?**

① 취득세의 징수는 보통징수의 방법으로 한다.
② 상속으로 취득세 과세물건을 취득한 자는 상속개시일부터 60일 이내에 산출한 세액을 신고하고 납부하여야 한다.
③ 신고 · 납부기한 이내에 재산권과 그 밖의 권리의 취득 · 이전에 관한 사항을 공부에 등기하거나 등록(등재 포함)하려는 경우에는 등기 또는 등록신청서를 등기 · 등록관서에 접수하는 날까지 취득세를 신고 · 납부하여야 한다.

④ 취득세 과세물건을 취득한 후에 그 과세물건이 중과세율의 적용대상이 되었을 때에는 중과세율을 적용하여 산출한 세액에서 이미 납부한 세액(가산세 포함)을 공제한 금액을 세액으로 하여 신고·납부하여야 한다.
⑤ 법인의 취득 당시 가액을 증명할 수 있는 장부가 없는 경우 지방자치단체의 장은 그 산출된 세액의 100분의 20을 징수하여야 할 세액에 가산한다.

58 **「지방세법」상 취득세의 부과·징수에 관한 설명으로 옳은 것은?**

① 납세의무자가 토지의 지목을 사실상 변경한 후 산출세액에 대한 신고를 하지 아니하고 그 토지를 매각하는 경우에는 산출세액에 100분의 80을 가산한 금액을 세액으로 하여 징수한다.
② 토지를 취득한 자가 취득한 날부터 1년 이내에 그에 인접한 토지를 취득한 경우 그 취득가액이 100만원일 때에는 취득세를 부과하지 아니한다.
③ 등기·등록관서의 장은 취득세가 납부되지 아니하였거나 납부부족액을 발견하였을 때에는 다음 달 10일까지 납세지를 관할하는 시장·군수·구청장에게 통보하여야 한다.
④ 「부동산등기법」 제28조에 따라 채권자대위권에 의한 등기신청을 하려는 채권자는 납세의무자인 채무자를 대위하여 부동산의 취득에 대한 취득세를 신고납부할 수 없다.
⑤ 납세의무자가 법정신고기한까지 취득세를 사실상 취득가격으로 신고한 후 지방자치단체의 장이 세액을 경정하기 전에 그 사실상 취득가격을 수정신고한 경우에는 가산세가 부과되지 아니한다.

59 **지방세법령상 취득세에 관한 설명으로 <u>틀린</u> 것은?**

① 국가가 취득세 과세물건을 매각하면 매각일부터 60일 이내에 지방자치단체의 장에게 신고하여야 한다.
② 토지를 취득한 자가 그 취득한 날부터 1년 이내에 그에 인접한 토지를 취득한 경우 그 전후의 취득에 관한 토지의 취득을 1건의 취득으로 보아 면세점을 적용한다.
③ 부담부증여로 취득한 경우 취득일이 속하는 달의 말일부터 3개월 이내에 신고하고 납부하여야 한다.
④ 납세지가 분명하지 아니한 경우에는 해당 취득물건의 소재지를 납세지로 한다.
⑤ 취득가액이 100만원인 경우에는 취득세를 부과한다.

60 **「지방세법」상 신탁**(「신탁법」에 따른 신탁으로서 신탁등기가 병행되는 것임)**으로 인한 신탁재산의 취득으로서 취득세가 부과되는 경우는 모두 몇 개인가?**

㉠ 위탁자로부터 수탁자에게 신탁재산을 이전하는 경우
㉡ 신탁의 종료로 인하여 수탁자로부터 위탁자에게 신탁재산을 이전하는 경우
㉢ 수탁자가 변경되어 신수탁자에게 신탁재산을 이전하는 경우
㉣ 「주택법」에 따른 주택조합이 비조합원용 부동산을 취득하는 경우

① 0개
② 1개
③ 2개
④ 3개
⑤ 4개

61 **「지방세법」상 취득세에 관한 설명으로 옳은 것은?**

① 「주택법」에 따른 공동주택의 개수(「건축법」에 따른 대수선은 제외)로 인한 취득 중 개수로 인한 취득 당시 주택의 시가표준액이 9억원 이하인 경우에는 취득세를 부과하지 아니한다.
② 법령이 정하는 고급오락장에 해당하는 임시건축물의 취득에 대하여는 존속기간에 관계없이 취득세를 부과하지 아니한다.
③ 국가 및 외국정부의 취득에 대해서는 취득세를 부과한다.
④ 파산선고로 인하여 처분되는 부동산을 취득한 경우에는 취득세를 부과하지 아니한다.
⑤ 지방자치단체에 기부채납을 조건으로 부동산을 취득하는 경우로서 그 반대급부로 기부채납 대상물의 무상사용권을 제공받는 때에는 그 해당 부분에 대해서는 취득세를 부과하지 아니한다.

62 **「지방세법」상 취득세에 관한 설명으로 틀린 것은?**

① 대한민국 정부기관의 취득에 대하여 과세하는 외국정부의 취득에 대해서는 취득세를 부과한다.
② 「건축법」상 대수선으로 인해 공동주택을 취득한 경우에는 취득세를 부과한다.
③ 국가에 귀속의 반대급부로 영리법인이 국가 소유의 부동산을 무상으로 양여받은 경우에는 취득세를 부과하지 아니한다.
④ 영리법인이 취득한 임시흥행장의 존속기간이 1년을 초과하는 경우에는 취득세를 부과한다.
⑤ 신탁(「신탁법」에 따른 신탁으로서 신탁등기가 병행되는 것만 해당한다)으로 인한 신탁재산의 취득 중 주택조합 등과 조합원 간의 부동산 취득에 대해서는 취득세를 부과한다.

63 **「지방세법」상 부동산등기에 대한 등록면허세의 표준세율로 틀린 것은?** (단, 부동산등기에 대한 표준세율을 적용하여 산출한 세액이 그 밖의 등기 또는 등록세율보다 크다고 가정하며, 중과세 및 비과세와 「지방세특례제한법」은 고려하지 않음)

① 소유권 보존: 부동산가액의 1천분의 8
② 가처분: 부동산가액의 1천분의 2
③ 지역권 설정: 요역지가액의 1천분의 2
④ 전세권 이전: 전세금액의 1천분의 2
⑤ 상속으로 인한 소유권 이전: 부동산가액의 1천분의 8

64 **거주자인 개인 乙은 甲이 소유한 부동산**(시가 6억원)**에 전세기간 2년, 전세보증금 3억원으로 하는 전세계약을 체결하고, 전세권설정등기를 하였다. 「지방세법」상 등록면허세에 관한 설명으로 옳은 것은?**

① 과세표준은 6억원이다.
② 표준세율은 전세보증금의 1천분의 8이다.
③ 납부세액은 6천원이다.
④ 납세의무자는 乙이다.
⑤ 납세지는 甲의 주소지이다.

65 「지방세법」상 등록에 대한 등록면허세에 관한 설명으로 <u>틀린</u> 것은?

① 채권금액으로 과세액을 정하는 경우에 일정한 채권금액이 없을 때에는 채권의 목적이 된 것의 가액 또는 처분의 제한의 목적이 된 금액을 그 채권금액으로 본다.
② 같은 채권의 담보를 위하여 설정하는 둘 이상의 저당권을 등록하는 경우에는 이를 하나의 등록으로 보아 그 등록에 관계되는 재산을 처음 등록하는 등록관청 소재지를 납세지로 한다.
③ 부동산등기에 대한 등록면허세의 납세지가 분명하지 아니한 경우에는 등록관청 소재지를 납세지로 한다.
④ 대도시 밖에 있는 법인의 본점이나 주사무소를 대도시로 전입함에 따른 등기는 법인등기에 대한 세율의 100분의 200으로 한다.
⑤ 지방자치단체의 장은 채권자대위자의 부동산의 등기에 대한 등록면허세 신고납부가 있는 경우 납세의무자에게 그 사실을 즉시 통보하여야 한다.

66 「지방세법」상 등록면허세에 관한 설명으로 옳은 것은?

① 지방자치단체의 장은 등록면허세의 세율을 표준세율의 100분의 60의 범위에서 가감할 수 있다.
② 등록 당시에 감가상각의 사유로 가액이 달라진 경우 그 가액에 대한 증명 여부에 관계없이 변경 전 가액을 과세표준으로 한다.
③ 부동산 등록에 대한 신고가 없는 경우 취득 당시 시가표준액의 100분의 110을 과세표준으로 한다.
④ 지목이 묘지인 토지의 등록에 대하여 등록면허세를 부과한다.
⑤ 부동산등기에 대한 등록면허세의 납세지는 부동산 소재지로 하며, 납세지가 분명하지 아니한 경우에는 등록관청 소재지로 한다.

67 지방세법령상 등록에 대한 등록면허세에 관한 설명으로 <u>틀린</u> 것은?

① 같은 등록에 관계되는 재산이 둘 이상의 지방자치단체에 걸쳐 있어 등록면허세를 지방자치단체별로 부과할 수 없을 때에는 등록관청 소재지를 납세지로 한다.
② 지방자치단체의 장은 조례로 정하는 바에 따라 등록면허세의 세율을 부동산 등기에 따른 표준세율의 100분의 50의 범위에서 가감할 수 있다.
③ 주택의 토지와 건축물을 한꺼번에 평가하여 토지나 건축물에 대한 과세표준이 구분되지 아니하는 경우에는 한꺼번에 평가한 개별주택가격을 토지나 건축물의 가액 비율로 나눈 금액을 각각 토지와 건축물의 과세표준으로 한다.
④ 부동산의 등록에 대한 등록면허세의 과세표준은 등록자가 신고한 당시의 가액으로 하고, 신고가 없거나 신고가액이 시가표준액보다 많은 경우에는 시가표준액으로 한다.
⑤ 채권자대위자는 납세의무자를 대위하여 부동산의 등기에 대한 등록면허세를 신고납부할 수 있다.

68 지방세법령상 등록에 대한 등록면허세에 관한 설명으로 옳은 것은?

① 부동산가압류에 대한 등록면허세의 세율은 부동산가액의 1천분의 2로 한다.
② 등록을 하려는 자가 등록면허세 신고의무를 다하지 않고 산출세액을 등록 전까지 납부한 경우 「지방세기본법」에 따른 무신고가산세가 부과된다.
③ 등록면허세에서 등록은 재산권과 그 밖의 권리의 설정・변경 또는 소멸에 관한 사항을 공부에 등기하거나 등록하는 것을 말하며, 취득세 과세대상에 해당하는 취득을 원인으로 이루어지는 등기 또는 등록을 포함한다.
④ 근저당권 설정등기의 경우 등록면허세의 납세의무자는 근저당권설정자이다.
⑤ 「한국은행법」 및 「한국수출입은행법」에 따른 은행업을 영위하기 위하여 대도시에서 법인을 설립함에 따른 등기를 한 법인이 그 등기일부터 2년 이내에 업종 변경이나 업종 추가가 없는 때에는 등록면허세이 세율을 중과하지 아니한다.

69 지방세법령상 등록에 대한 등록면허세가 비과세되는 경우로 <u>틀린</u> 것은?

① 지방자치단체조합이 자기를 위하여 받는 등록
② 무덤과 이에 접속된 부속시설물의 부지로 사용되는 토지로서 지적공부상 지목이 묘지인 토지에 관한 등기
③ 「채무자 회생 및 파산에 관한 법률」 제6조 제3항에 따른 등기 또는 등록
④ 대한민국 정부기관의 등록에 대하여 과세하는 외국정부의 등록
⑤ 등기 담당 공무원의 착오로 인한 주소 등의 단순한 표시변경 등기

70 「지방세법」상 재산세 과세대상에 속하는 것으로 옳게 묶인 것은?

> ㉠ 항공기
> ㉡ 시가표준액이 1억원인 비업무용 자가용 선박
> ㉢ 고급주택
> ㉣ 카지노업에 사용되는 건축물
> ㉤ 과수원
> ㉥ 차량
> ㉦ 골프 회원권
> ㉧ 기계장비
> ㉨ 광업권
> ㉩ 법령에 의해 신고된 20타석 이상의 골프연습장

① ㉠, ㉢, ㉣, ㉤
② ㉡, ㉣, ㉨, ㉩
③ ㉠, ㉢, ㉥, ㉩
④ ㉡, ㉥, ㉦, ㉧
⑤ ㉤, ㉦, ㉧, ㉨

71 「지방세법」상 재산세에 관한 설명으로 옳은 것은? (단, 비과세는 고려하지 않음)

① 재산세 과세대상인 토지란 「공간정보의 구축 및 관리 등에 관한 법률」에 따라 지적공부의 등록대상이 되는 토지와 그 밖에 사용되고 있는 사실상의 토지를 말한다.
② 토지와 주택에 대한 재산세 과세대상은 종합합산과세대상, 별도합산과세대상 및 분리과세대상으로 구분한다.
③ 재산세의 과세대상 물건이 공부상 등재현황과 사실상의 현황이 다른 경우에는 공부상의 현황에 따라 재산세를 부과한다.
④ 주택 부속토지의 경계가 명백하지 아니한 경우 그 주택의 바닥면적의 20배에 해당하는 토지를 주택의 부속토지로 한다.
⑤ 재산세 과세대상인 건축물의 범위에는 주택을 포함한다.

72 **「지방세법」상 재산세 과세대상의 구분에 있어 주거용과 주거 외의 용도를 겸하는 건물 등에 관한 설명으로 옳은 것을 모두 고른 것은?**

> ㉠ 1동(棟)의 건물이 주거와 주거 외의 용도로 사용되고 있는 경우에는 주거용으로 사용되는 부분만을 주택으로 본다.
> ㉡ 1구(構)의 건물이 주거와 주거 외의 용도로 사용되고 있는 경우 주거용으로 사용되는 면적이 전체의 100분의 60인 경우에는 주택으로 본다.
> ㉢ 주택의 부속토지의 경계가 명백하지 아니한 경우에는 그 주택의 바닥면적의 10배에 해당하는 토지를 주택의 부속토지로 한다.

① ㉠　　② ㉢
③ ㉠, ㉡　　④ ㉡, ㉢
⑤ ㉠, ㉡, ㉢

73 **「지방세법」상 토지에 대한 재산세를 부과함에 있어서 과세대상의 구분**(종합합산과세대상, 별도합산과세대상, 분리과세대상)**이 같은 것으로 묶인 것은?**

> ㉠ 종중이 소유하고 있는 임야
> ㉡ 「체육시설의 설치·이용에 관한 법률 시행령」에 따른 스키장 및 골프장용 토지 중 원형이 보전되는 임야
> ㉢ 과세기준일 현재 염전으로 실제 사용하고 있는 토지
> ㉣ 「도로교통법」에 따라 등록된 자동차운전학원의 자동차운전학원용 토지로서 같은 법에서 정하는 시설을 갖춘 구역 안의 토지

① ㉠, ㉡　　② ㉡, ㉢
③ ㉡, ㉣　　④ ㉠, ㉡, ㉢
⑤ ㉠, ㉢, ㉣

74 **「지방세법」상 재산세 과세대상 토지**(비과세 또는 면제대상이 아님) **중 과세표준이 증가함에 따라 재산세 부담이 누진적으로 증가할 수 있는 것은?**

① 과세기준일 현재 군 지역에서 실제 영농에 사용되고 있는 개인이 소유하고 있는 과수원
② 건축물 또는 주택이 사실상 철거·멸실된 날부터 6개월이 지나지 않은 건축물 또는 주택의 부속토지
③ 종중이 소유하고 있는 임야
④ 회원제 골프장용 토지로서 「체육시설의 설치·이용에 관한 법률」의 규정에 의한 등록대상이 되는 토지
⑤ 고급오락장으로 사용되는 건축물의 부속토지

75 **「지방세법」상 재산세 종합합산과세대상 토지는?**

① 「문화유산의 보존 및 활용에 관한 법률」에 따른 지정문화유산 안의 임야
② 국가가 국방상의 목적 외에는 그 사용 및 처분 등을 제한하는 공장 구내의 토지
③ 「건축법」 등 관계 법령에 따라 허가 등을 받아야 할 건축물로서 허가 등을 받지 아니한 공장용 건축물의 부속토지
④ 「자연공원법」에 따라 지정된 공원자연환경지구의 임야
⑤ 「개발제한구역의 지정 및 관리에 관한 특별조치법」에 따른 개발제한구역의 임야

76 「지방세법」상 분리과세대상 토지 중 재산세 표준세율이 다른 하나는?

① 과세기준일 현재 특별시 지역의 도시지역 안의 녹지지역에서 실제 영농에 사용되고 있는 개인이 소유하는 전(田)
② 관계 법령에 따른 사회복지사업자가 복지시설이 소비목적으로 사용할 수 있도록 하기 위하여 소유하는 농지
③ 「자연공원법」에 의하여 지정된 공원자연환경지구 안의 임야
④ 종중이 소유하고 있는 임야
⑤ 과세기준일 현재 계속 염전으로 사용하고 있는 토지

77 「지방세법」상 재산세 납세의무에 관한 설명으로 옳은 것은?

① 재산세 과세기준일 현재 소유권의 귀속이 분명하지 아니하여 사실상의 소유자를 확인할 수 없는 경우 그 사용자가 재산세를 납부할 의무가 있다.
② 주택의 건물과 부속토지의 소유자가 다를 경우 그 주택에 대한 산출세액을 건축물과 그 부속토지의 면적 비율로 안분계산한 부분에 대하여 그 소유자를 납세의무자로 본다.
③ 국가가 선수금을 받아 조성하는 매매용 토지로서 사실상 조성이 완료된 토지와 사용권을 무상으로 받은 자는 재산세를 납부할 의무가 없다.
④ 상속이 개시된 재산으로서 상속등기가 이행되지 아니하고 사실상의 소유자를 신고하지 아니하였을 때에는 상속인 각자가 받았거나 받을 재산에 따라 재산세를 납부할 의무를 진다.
⑤ 공유재산인 경우 그 지분에 해당하는 부분에 대하여 그 지분권자를 납세의무자로 보되, 지분표시가 없는 경우 공유자 중 최연장자를 납세의무자로 본다.

78 지방세법령상 재산세 과세기준일 현재 납세의무자로 틀린 것은?

① 공부상에 개인 등의 명의로 등재되어 있는 사실상의 종중 재산으로서 종중소유임을 신고하지 아니하였을 경우: 종중
② 상속이 개시된 재산으로서 상속등기가 이행되지 아니하고 사실상의 소유자를 신고하지 아니하였을 경우: 행정안전부령이 정하는 주된 상속자
③ 「도시 및 주거환경정비법」에 따른 정비사업(재개발사업만 해당한다)의 시행에 따른 환지계획에서 일정한 토지를 환지로 정하지 아니하고 체비지로 정한 경우: 사업시행자
④ 「채무자 회생 및 파산에 관한 법률」에 따른 파산선고 이후 파산종결의 결정까지 파산재산에 속하는 재산의 경우: 공부상 소유자
⑤ 지방자치단체와 재산세 과세대상 재산을 연부(年賦)로 매매계약을 체결하고 그 재산의 사용권을 무상으로 받은 경우: 그 매수계약자

79 「지방세법」상 재산세 과세기준일 현재 납세의무자가 아닌 것을 모두 고른 것은?

㉠ 2025년 5월 25일에 재산세 과세대상 재산의 매매잔금을 수령하고 소유권이전등기를 한 매도인
㉡ 공유물 분할등기가 이루어지지 아니한 공유토지의 지분권자
㉢ 「신탁법」 제2조에 따른 수탁자의 명의로 등기 또는 등록된 신탁재산의 경우 그 수탁자
㉣ 도시환경정비사업시행에 따른 환지계획에서 일정한 토지를 환지로 정하지 아니하고 체비지로 정한 경우 종전 토지소유자

① ㉠, ㉢　② ㉡, ㉣　③ ㉠, ㉡, ㉣
④ ㉠, ㉢, ㉣　⑤ ㉡, ㉢, ㉣

80 「지방세법」상 재산세의 과세표준과 세율에 관한 설명으로 옳은 것은?

① 주택(1세대 1주택은 아님)에 대한 과세표준은 주택 시가표준액에 100분의 70의 공정시장가액비율을 곱하여 산정한다.

② 주택이 아닌 건축물에 대한 과세표준은 건축물 시가인정액에 100분의 70의 공정시장가액비율을 곱하여 산정한다.

③ 토지에 대한 과세표준은 개별공시지가로 한다.

④ 고급오락장용 건축물에 대한 재산세의 세율은 1천분의 50이다.

⑤ 「수도권정비계획법」에 따른 과밀억제권역 외의 읍・면 지역의 공장용 건축물의 표준세율은 1천분의 2.5이다.

81 지방세법령상 재산세의 표준세율에 관한 설명으로 틀린 것은?

① 법령에서 정하는 고급선박 및 고급오락장용 건축물의 경우 고급선박의 표준세율이 고급오락장용 건축물의 표준세율보다 높다.

② 특별시 지역에서 「국토의 계획 및 이용에 관한 법률」과 그 밖의 관계 법령에 따라 지정된 주거지역 및 해당 지방자치단체의 조례로 정하는 지역의 대통령령으로 정하는 공장용 건축물의 표준세율은 과세표준의 1천분의 5이다.

③ 주택(법령으로 정하는 1세대 1주택 아님)의 경우 표준세율은 최저 1천분의 1에서 최고 1천분의 4까지 4단계 초과누진세율로 적용한다.

④ 항공기의 표준세율은 1천분의 3으로 법령에서 정하는 고급선박을 제외한 그 밖의 선박의 표준세율과 동일한다.

⑤ 지방자치단체의 장은 특별한 재정수요나 재해 등의 발생으로 재산세의 세율 조정이 불가피하다고 인정되는 경우 조례로 정하는 바에 따라 표준세율의 100분의 50의 범위에서 가감할 수 있다. 다만, 가감한 세율은 해당 연도를 포함하여 3년간 적용한다.

82 「지방세법」상 재산세에 관한 설명으로 옳은 것은?

① 특별시 지역에서 「국토의 계획 및 이용에 관한 법률」에 따라 지정된 주거지역의 대통령령으로 정하는 공장용 건축물의 표준세율은 초과누진세율이다.

② 법령에 따른 고급주택은 1천분의 40, 그 밖의 주택은 누진세율을 적용한다.

③ 주택의 토지와 건물 소유자가 다를 경우 해당 주택에 대한 세율을 적용할 때 해당 주택의 토지와 건물의 가액을 소유자별로 구분계산한 과세표준에 세율을 적용한다.

④ 납세의무자가 해당 지방자치단체 관할 구역에 2개 이상의 주택을 소유하고 있는 경우 그 주택의 가액을 모두 합한 금액을 과세표준으로 하여 주택의 세율을 적용한다.

⑤ 분리과세대상이 되는 토지에 대한 재산세는 해당 토지의 가액을 과세표준으로 하여 세율을 적용한다.

83 지방세법령상 재산세에 관한 설명으로 옳은 것은? (단, 주어진 조건 외에는 고려하지 않음)

① 재산세는 관할 지방자치단체의 장이 세액을 산정하여 특별징수의 방법으로 부과·징수한다.
② 수탁자 명의로 등기·등록된 신탁재산의 수탁자는 과세기준일부터 15일 이내에 그 소재지를 관할하는 지방자치단체의 장에게 그 사실을 알 수 있는 증거자료를 갖추어 신고하여야 한다.
③ 지방자치단체의 장은 재산세의 납부할 세액이 500만원 이하인 경우 200만원을 초과하는 금액을 납부기한이 지난 날부터 3개월 이내에 분할납부하게 할 수 있다.
④ 주택의 재산세로서 해당 연도에 부과할 세액이 20만원 이하인 경우에는 납기를 9월 16일부터 9월 30일까지로 하여 한꺼번에 부과·징수할 수 있다.
⑤ 지방자치단체의 장은 과세대상의 누락으로 이미 부과한 재산세액을 변경하여야 할 사유가 발생하여도 수시로 부과·징수할 수 없다.

84 「지방세법」상 재산세의 부과·징수에 관한 설명으로 <u>틀린</u> 것은? (단, 세액변경이나 수시부과 사유는 없음)

① 고지서 1장당 재산세로 징수할 세액이 2천원 미만인 경우에는 해당 재산세를 징수하지 아니한다.
② 재산세를 징수하려면 토지, 건축물, 주택, 선박 및 항공기로 구분한 납세고지서에 과세표준과 세액을 적어 늦어도 납기개시 5일 전까지 발급하여야 한다.
③ 재산세를 분할납부하려는 자는 재산세 납부기한까지 법령으로 정하는 신청서를 시장·군수·구청장에게 제출하여야 한다.
④ 토지의 재산세 납기는 매년 7월 16일부터 7월 31일까지이다.
⑤ 재산세를 물납하려는 자는 납부기한 10일 전까지 납세지를 관할하는 시장·군수·구청장에게 물납을 신청하여야 한다.

85 지방세법령상 재산세의 물납에 관한 설명으로 옳은 것을 모두 고른 것은?

㉠ 지방자치단체의 장은 재산세의 납부세액이 1천만원을 초과하는 경우에는 납세의무자의 신청을 받아 해당 지방자치단체의 관할구역에 있는 부동산에 대하여만 대통령령으로 정하는 바에 따라 물납을 허가할 수 있다. ㉡ 시장·군수·구청장은 법령에 따라 불허가 통지를 받은 납세의무자가 그 통지를 받은 날부터 10일 이내에 해당 시·군·구의 관할구역에 있는 부동산으로서 관리·처분이 가능한 다른 부동산으로 변경 신청하는 경우에는 변경하여 허가할 수 있다. ㉢ 물납을 허가하는 부동산의 가액은 물납 허가일 현재의 시가로 한다.

① ㉠　② ㉢
③ ㉠, ㉡　④ ㉡, ㉢
⑤ ㉠, ㉡, ㉢

86 **「지방세법」상 재산세에 관한 설명으로 옳은 것은?** (단, 주어진 조건 외에는 고려하지 않음)

① 「자연유산의 보존 및 활용에 관한 법률」에 따른 천연기념물 등 안의 임야에 대해서는 재산세를 부과하지 아니한다.
② 지방자치단체가 1년 이상 공용으로 사용하는 재산에 대하여는 소유권의 유상이전을 약정한 경우로서 그 재산을 취득하기 전에 미리 사용하는 경우 재산세를 부과하지 아니한다.
③ 임시로 사용하기 위하여 건축된 건축물로서 재산세 과세기준일 현재 1년 미만의 법령에 따른 고급오락장은 재산세를 부과하지 아니한다.
④ 일반인의 통행에 제공할 목적으로 개설한 유료의 사설도로에 대해서는 재산세를 부과하지 아니한다.
⑤ 무덤과 이에 접속된 부속시설물의 부지로 사용되는 토지로서 지적공부상 지목이 묘지인 토지에 대해서는 재산세를 부과하지 아니한다.

87 **「지방세법」상 재산세 비과세 대상에 해당하는 것은?** (단, 주어진 조건 외에는 고려하지 않음)

① 지방자치단체가 1년 이상 공용으로 사용하는 재산으로서 유료로 사용하는 재산
② 「한국농어촌공사 및 농지관리기금법」에 따라 설립된 한국농어촌공사가 같은 법에 따라 농가에 공급하기 위하여 소유하는 농지
③ 「공간정보의 구축 및 관리 등에 관한 법률」에 따른 제방으로서 특정인이 전용하는 제방
④ 「군사기지 및 군사시설 보호법」에 따른 군사기지 및 군사시설 보호구역 중 통제보호구역에 있는 전·답
⑤ 「산림자원의 조성 및 관리에 관한 법률」에 따라 지정된 채종림·시험림

88 **「지방세법」상 재산세의 비과세 대상이 아닌 것은?** (단, 아래의 답항별로 주어진 자료 외의 비과세 요건은 충족된 것으로 가정함)

① 임시로 사용하기 위하여 건축된 건축물로서 재산세 과세기준일 현재 1년 미만의 것
② 재산세를 부과하는 해당 연도에 철거하기로 계획이 확정되어 재산세 과세기준일 현재 행정관청으로부터 철거명령을 받은 주택과 그 부속토지인 대지
③ 농업용 구거와 자연유수의 배수처리에 제공하는 구거
④ 「군사기지 및 군사시설 보호법」에 따른 군사기지 및 군사시설 보호구역 중 통제보호구역에 있는 토지(단, 전·답·과수원 및 대지는 제외)
⑤ 일반인의 자유로운 통행을 위하여 제공할 목적으로 개설한 사설도로

89 「종합부동산세법」상 주택에 대한 과세 및 납세지에 관한 설명으로 옳은 것은?

① 납세의무자가 법인이며 3주택 이상을 소유한 경우 소유한 주택 수에 따라 과세표준에 0.5% ~ 5%의 세율을 적용하여 계산한 금액을 주택분 종합부동산세액으로 한다.
② 납세의무자가 법인으로 보지 않는 단체인 경우 주택에 대한 종합부동산세 납세지는 해당 주택의 소재지로 한다.
③ 과세표준 합산의 대상에 포함되지 않는 주택을 보유한 납세의무자는 해당 연도 10월 16일부터 10월 31일까지 관할 세무서장에게 해당 주택의 보유현황을 신고하여야 한다.
④ 종합부동산세 과세대상 1세대 1주택자로서 과세기준일 현재 해당 주택을 12년 보유한 자의 보유기간별 세액공제에 적용되는 공제율은 100분의 50이다.
⑤ 과세기준일 현재 주택분 재산세의 납세의무자는 종합부동산세를 납부할 의무가 있다.

90 종합부동산세법령상 주택에 대한 과세에 관한 설명으로 옳은 것은?

① 「신탁법」 제2조에 따른 수탁자의 명의로 등기된 신탁주택의 경우에는 수탁자가 종합부동산세를 납부할 의무가 있으며, 이 경우 수탁자가 신탁주택을 소유한 것으로 본다.
② 법인이 2주택을 소유한 경우 종합부동산세의 세율은 1천분의 50을 적용한다.
③ 거주자 甲이 2024년부터 보유한 3주택(주택 수 계산에서 제외되는 주택은 없음) 중 2주택을 2025.6.17.에 양도하고 동시에 소유권이전등기를 한 경우, 甲의 2025년도 주택분 종합부동산세액은 3주택 이상을 소유한 경우의 세율을 적용하여 계산한다.
④ 신탁주택의 수탁자가 종합부동산세를 체납한 경우 그 수탁자의 다른 재산에 대하여 강제징수하여도 징수할 금액에 미치지 못할 때에는 해당 주택의 위탁자가 종합부동산세를 납부할 의무가 있다.
⑤ 공동명의 1주택자인 경우 주택에 대한 종합부동산세의 과세표준은 주택의 시가를 합산한 금액에서 11억원을 공제한 금액에 100분의 50을 한도로 공정시장가액비율을 곱한 금액으로 한다.

91 종합부동산세법령상 토지에 대한 과세에 관한 설명으로 옳은 것은?

① 토지분 재산세의 납세의무자로서 종합합산과세대상 토지의 공시가격을 합한 금액이 5억원인 자는 종합부동산세를 납부할 의무가 있다.
② 토지분 재산세의 납세의무자로서 별도합산과세대상 토지의 공시가격을 합한 금액이 80억원인 자는 종합부동산세를 납부할 의무가 있다.
③ 토지에 대한 종합부동산세는 종합합산과세대상, 별도합산과세대상 그리고 분리과세대상으로 구분하여 계산한다.
④ 종합합산과세대상인 토지에 대한 종합부동산세의 과세표준은 해당 토지의 공시가격을 합산한 금액에서 5억원을 공제한 금액에 100분의 50을 한도로 공정시장가액비율을 곱한 금액으로 한다.
⑤ 별도합산과세대상 토지의 과세표준 금액에 대하여 해당 과세대상 토지의 토지분 재산세로 부과된 세액(「지방세법」에 따라 가감조정된 세율이 적용된 경우에는 그 세율이 적용된 세액, 같은 법에 따라 세부담 상한을 적용받은 경우에는 그 상한을 적용받은 세액을 말한다)은 토지분 별도합산세액에서 이를 공제한다.

92 **토지분 종합부동산세에 관한 설명으로 옳은 것은?** (단, 감면과 비과세와 「지방세특례제한법」 또는 「조세특례제한법」은 고려하지 않음)

① 재산세 과세대상 중 분리과세대상 토지는 종합부동산세 과세대상이다.

② 종합부동산세의 분납은 허용되지 않는다.

③ 종합부동산세의 물납은 허용되지 않는다.

④ 납세자에게 부정행위가 없으며 특례제척기간에 해당하지 않는 경우 원칙적으로 납세의무 성립일부터 3년이 지나면 종합부동산세를 부과할 수 없다.

⑤ 별도합산과세대상인 토지의 재산세로 부과된 세액이 세부담 상한을 적용받는 경우 그 상한을 적용받기 전의 세액을 별도합산과세대상 토지분 종합부동산세액에서 공제한다.

93 **「종합부동산세법」상 토지 및 주택에 대한 과세와 부과 · 징수에 관한 설명으로 옳은 것은?**

① 종합합산과세대상인 토지에 대한 종합부동산세의 세액은 과세표준에 1% ~ 5%의 세율을 적용하여 계산한 금액으로 한다.

② 종합부동산세로 납부해야 할 세액이 200만원인 경우 관할 세무서장은 그 세액의 일부를 납부기한이 지난 날부터 6개월 이내에 분납하게 할 수 있다.

③ 관할 세무서장이 종합부동산세를 징수하려면 납부기간 개시 5일 전까지 주택분과 토지분을 합산한 과세표준과 세액을 납부고지서에 기재하여 발급하여야 한다.

④ 종합부동산세를 신고납부방식으로 납부하고자 하는 납세의무자는 종합부동산세의 과세표준과 세액을 해당 연도 12월 1일부터 12월 15일까지 관할 세무서장에게 신고하여야 한다.

⑤ 별도합산과세대상인 토지에 대한 종합부동산세의 세액은 과세표준에 0.5% ~ 0.8%의 세율을 적용하여 계산한 금액으로 한다.

94 **「종합부동산세법」상 종합부동산세에 관한 설명으로 틀린 것은?** (단, 감면 및 비과세와 「지방세특례제한법」 또는 「조세특례제한법」은 고려하지 않음)

① 종합부동산세의 과세기준일은 매년 6월 1일로 한다.

② 종합부동산세의 납세의무자가 비거주자인 개인으로서 국내 사업장이 없고 국내 원천소득이 발생하지 아니하는 1주택을 소유한 경우 그 주택 소재지를 납세지로 정한다.

③ 과세기준일 현재 토지분 재산세의 납세의무자로서 국내에 소재하는 종합합산과세대상 토지의 공시가격을 합한 금액이 5억원을 초과하는 자는 해당 토지에 대한 종합부동산세를 납부할 의무가 있다.

④ 종합합산과세대상 토지의 재산세로 부과된 세액이 세부담 상한을 적용받는 경우 그 상한을 적용받기 전의 세액을 종합합산과세대상 토지분 종합부동산세액에서 공제한다.

⑤ 관할 세무서장은 종합부동산세를 징수하고자 하는 때에는 납세고지서에 주택 및 토지로 구분한 과세표준과 세액을 기재하여 납부기간 개시 5일 전까지 발부하여야 한다.

95 「소득세법」상 부동산임대업에서 발생한 소득에 관한 설명으로 틀린 것은?

① 임대한 과세기간 종료일 현재 기준시가가 15억원인 1주택을 임대하고 지급받은 소득은 사업소득으로 과세한다.
② 주택 1채만을 소유한 거주자가 과세기간 종료일 현재 기준시가 15억원인 해당 주택을 전세금을 받고 임대하여 얻은 소득은 소득세가 과세되지 아니한다.
③ 3주택(주택 수에 포함되지 않는 주택 제외) 이상을 소유한 거주자가 주택과 주택 부수토지를 임대(주택 부수토지만 임대하는 경우 제외)한 경우에는 보증금에 대한 간주임대료를 총수입금액에 산입한다.
④ 간주임대료 계산시 3주택 이상 여부 판정에 있어 주택 수에 포함되지 않는 주택이란 주거의 용도로만 쓰이는 면적이 1호 또는 1세대당 $40m^2$ 이하인 주택으로서 해당 과세기간의 기준시가 2억원 이하인 주택을 말한다.
⑤ 주택 2채를 소유한 거주자가 1채는 월세계약으로 나머지 1채는 전세계약의 형태로 임대한 경우, 월세계약에 의하여 받은 임대료에 대해서만 과세한다.

96 「소득세법」상 거주자의 부동산과 관련된 사업소득에 관한 설명으로 옳은 것은?

① 국외에 소재하는 주택의 임대소득은 주택 수에 관계없이 과세하지 아니한다.
② 주택임대로 인하여 발생하는 소득에 대한 비과세 여부를 판단함에 있어서 본인과 배우자가 각각 주택을 소유하는 경우, 이를 합산하지 아니하고 각각 소유주택을 기준으로 주택 수를 계산한다.
③ 부동산임대업에서 발생하는 사업소득의 납세지는 부동산 소재지로 한다.
④ 국내에 소재하는 논·밭을 작물생산에 이용하게 함으로써 발생하는 사업소득은 소득세를 과세하지 아니한다.
⑤ 임대보증금의 건주임대료를 계산하는 과정에서 금융수익을 차감할 때, 그 금융수익에는 수입이자와 할인액, 수입배당금, 유가증권처분이익으로 한다.

97 소득세법령상 거주자의 부동산과 관련된 사업소득에 관한 설명으로 옳은 것은?

① 해당 과세기간에 분리과세 주택임대소득이 있는 거주자(종합소득과세표준이 없거나 결손금이 있는 거주자 포함)는 그 종합소득 과세표준을 그 과세기간의 다음 연도 5월 1일부터 5월 31일까지 신고하여야 한다.
② 공장재단을 대여하는 사업은 부동산임대업에 해당하지 않는다.
③ 해당 과세기간의 주거용 건물 임대업을 제외한 부동산임대업에서 발생한 결손금은 그 과세기간의 종합소득과세표준을 계산할 때 공제한다.
④ 「공익사업을 위한 토지 등의 취득 및 보상에 관한 법률」 제4조에 따른 공익사업과 관련하여 지역권을 설정함으로써 발생하는 소득은 부동산업에서 발생하는 소득에 해당한다.
⑤ 사업소득에 부동산임대업에서 발생한 소득이 포함되어 있는 사업자는 그 소득별로 구분하지 않고 회계처리하여야 한다.

98 **소득세법령상 거주자의 소득세에 관한 설명으로 틀린 것은?**

① 해당 과세기간에 분리과세 주택임대소득이 있는 경우에는 확정신고를 하지 아니한다.
② 주거용 건물임대업을 포함한 부당산임대업에서 발생한 이월결손금(결손금을 다른 소득에서 공제하고 남은 금액을 말함)은 소급공제가 적용되지 아니한다.
③ 분할납부에 관한 규정은 종합소득, 퇴직소득은 물론 양도소득에 대한 소득세에도 적용하며, 확정신고시 자진납부할 세액은 물론 중간예납세액이나 예정신고세액에도 적용한다.
④ 피상속인의 소득금액에 대한 소득세로서 상속인에게 과세할 것과 상속인의 소득금액에 대한 소득세는 구분하여 계산하여야 한다.
⑤ 공동으로 소유한 자산에 대한 양도소득금액을 계산하는 경우에는 해당 자산을 공동으로 소유하는 각 거주자가 납세의무를 진다.

99 **거주자 甲이 소유하고 있는 주택의 2025년 임대 관련 자료이다. 甲의 소득세법령상 분리과세 주택임대소득에 대한 사업소득금액은?**

(1) **甲**의 주택임대 현황

구분	임대 보증금	월 임대료	기준 시가	전용 면적	임대 기간
A	4억원	100만원	3억원	50m^2	24.1.1. ~ 25.12.31.
B	3억원	-	2억원	45m^2	25.1.1 .~ 25.12.31.
C	2억원	80만원	1억원	40m^2	25.3.1. ~ 25.12.31.

(2) 각 주택의 임대기간 중 A주택은 대통령령으로 정하는 등록임대주택에 해당하고, B주택과 C주택은 등록임대주택에 해당하지 않는다.
(3) 각 주택의 월임대료는 매월 말일에 수령하였다.
(4) 2025년 주택임대소득금액 외의 다른 종합소득금액은 18,000,000원이다.
(5) 기획재정부령으로 정하는 정기예금이자율은 연 3.5%이며 2025년은 366일이다.
(6) 주어진 자료 외의 다른 사항은 고려하지 않는다.

① 4,000,000원　② 5,600,000원
③ 11,465,750원　④ 20,000,000원
⑤ 31,739,340원

100 **소득세법령상 다음의 국내자산 중 양도소득세 과세대상에 해당하는 것을 모두 고른 것은?** (단, 비과세와 감면은 고려하지 않음)

㉠ 토지 및 건물과 함께 양도하는 「개발제한구역의 지정 및 관리에 관한 특별조치법」에 따른 이축권(해당 이축권 가액을 대통령령으로 정하는 방법에 따라 별도로 평가하여 신고하지 않음)
㉡ 조합원입주권
㉢ 지역권
㉣ 부동산매매계약을 체결한 자가 계약금만 지급한 상태에서 양도하는 권리

① ㉠, ㉢　② ㉡, ㉣
③ ㉠, ㉡, ㉣　④ ㉡, ㉢, ㉣
⑤ ㉠, ㉡, ㉢, ㉣

101 **「소득세법」상 양도소득세 과세대상이 아닌 것은?**

> ㉠ 「도시개발법」에 따라 토지의 일부가 보류지로 충당되는 경우
> ㉡ 지방자치단체가 발행하는 토지상환채권을 양도하는 경우
> ㉢ 이혼으로 인하여 혼인 중에 형성된 부부공동재산을 「민법」 제839조의2에 따라 재산분할하는 경우
> ㉣ 개인이 토지를 법인에 현물출자하는 경우
> ㉤ 주거용 건물 건설업자가 당초부터 판매할 목적으로 신축한 다가구주택을 양도하는 경우

① ㉠, ㉡, ㉢ ② ㉠, ㉢, ㉤
③ ㉡, ㉢, ㉣ ④ ㉡, ㉣, ㉤
⑤ ㉢, ㉣, ㉤

102 **「소득세법」상 거주자의 양도소득세 과세대상에 관한 설명으로 틀린 것은?** (단, 양도자산은 국내자산임)

① 무상이전에 따라 자산의 소유권이 변경된 경우에는 과세대상이 되지 아니한다.
② 비사업자가 공익사업과 관련하여 지상권을 양도함으로써 발생하는 소득은 양도소득이다.
③ 사업에 사용하는 토지 및 건물과 함께 양도하는 영업권은 과세대상이다.
④ 법인의 주식을 소유하는 것만으로 시설물을 배타적으로 이용하게 되는 경우 그 주식의 양도는 과세대상이다.
⑤ 등기되지 않은 부동산임차권의 양도는 과세대상이다.

103 **「소득세법」상 양도에 해당하는 것은?** (단, 거주자의 국내자산으로 가정함)

① 「도시개발법」이나 그 밖의 법률에 따라 환지처분으로 지목이 변경되는 경우
② 부담부증여시 그 증여가액 중 채무액에 해당하는 부분을 제외한 부분
③ 「소득세법 시행령」 제151조 제1항에 따른 양도담보 계약을 체결한 후 채무불이행으로 인하여 당해 자산을 변제에 충당한 때
④ 매매원인 무효의 소에 의하여 그 매매사실이 원인무효로 판시되어 소유권이 환원되는 경우
⑤ 본인 소유의 자산을 경매로 인하여 본인이 재취득한 경우

104 **「소득세법 시행령」 제162조에서 규정하는 양도 또는 취득의 시기에 관한 내용으로 틀린 것은?**

① 제1항 제4호: 자기가 건설한 건축물에 있어서 건축허가를 받지 아니하고 건축하는 건축물은 추후 사용승인 또는 임시사용승인을 받는 날
② 제1항 제3호: 기획재정부령이 정하는 장기할부조건의 경우에는 소유권이전등기(등록 및 명의개서를 포함)접수일 · 인도일 또는 사용수익일 중 빠른 날
③ 제1항 제2호: 대금을 청산하기 전에 소유권이전등기(등록 및 명의개서를 포함)를 한 경우에는 등기부 · 등록부 또는 명부 등에 기재된 등기접수일
④ 제1항 제5호: 상속에 의하여 취득한 자산에 대하여는 그 상속이 개시된 날
⑤ 제1항 제9호: 「도시개발법」에 따른 환지처분으로 교부받은 토지의 면적이 환지처분에 의한 권리면적보다 증가한 경우 그 증가된 면적의 토지에 대한 취득시기는 환지처분의 공고가 있는 날의 다음 날

105 「소득세법」상 양도소득세 과세대상 자산의 양도 또는 취득의 시기로 틀린 것은?

① 「도시개발법」에 따라 교부받은 토지의 면적이 환지처분에 의한 권리면적보다 증가 또는 감소된 경우: 환지처분의 공고가 있은 날
② 기획재정부령이 정하는 장기할부조건의 경우: 소유권이전등기(등록 및 명의개서를 포함) 접수일·인도일 또는 사용수익일 중 빠른 날
③ 건축허가를 받지 않고 자기가 건설한 건축물의 경우: 그 사실상의 사용일
④ 「민법」 제245조 제1항의 규정에 의하여 부동산의 소유권을 취득하는 경우: 당해 부동산의 점유를 개시한 날
⑤ 대금을 청산한 날이 분명하지 아니한 경우: 등기부·등록부 또는 명부 등에 기재된 등기·등록접수일 또는 명의개서일

106 소득세법령상 양도소득세의 양도 또는 취득 시기에 관한 내용으로 틀린 것은?

① 대금을 청산한 날이 분명하지 아니한 경우에는 등기부·등록부 또는 명부 등에 기재된 등기·등록접수일 또는 명의개서일
② 상속에 의하여 취득한 자산에 대하여는 그 상속이 개시된 날
③ 대금을 청산하기 전에 소유권이전등기를 한 경우에는 등기부에 기재된 등기접수일
④ 자기가 건설한 건축물로서 건축허가를 받지 아니하고 건축하는 건축물에 있어서는 그 사실상의 사용일
⑤ 완성되지 아니한 자산을 양도한 경우로서 해당 자산이 대금을 청산한 날까지 그 목적물이 완성되지 아니한 경우에는 해당 자산의 대금을 청산한 날

107 소득세법령상 거주자의 양도소득세 비과세에 관한 설명으로 틀린 것은?

① 파산선고에 의한 처분으로 발생하는 소득은 비과세된다.
② 「지적재조사에 관한 특별법」에 따른 경계의 확정으로 지적공부상의 면적이 감소되어 같은 법에 따라 지급받는 조정금은 비과세된다.
③ 건설사업자가 「도시개발법」에 따라 공사용역 대가로 취득한 체비지를 토지구획환지처분공고 전에 양도하는 토지는 양도소득세 비과세가 배제되는 미등기양도자산에 해당하지 않는다.
④ 「도시개발법」에 따른 도시개발사업이 종료되지 아니하여 토지 취득등기를 하지 아니하고 양도하는 토지는 양도소득세 비과세가 배제되는 미등기양도자산에 해당하지 않는다.
⑤ 국가가 소유하는 토지와 분합하는 농지로서 분합하는 쌍방 토지가액의 차액이 가액이 큰 편의 4분의 1을 초과하는 경우 분합으로 발생하는 소득은 비과세된다.

108 **「소득세법」상 1세대 1주택**(고가주택 제외) **비과세 규정에 관한 설명으로 틀린 것은?** (단, 거주자의 국내 소재 주택을 가정)

① 1세대 1주택 비과세규정을 적용하는 부부가 각각 세대를 달리 구성하는 경우에는 동일한 세대로 본다.

② 「해외이주법」에 따른 해외이주로 세대 전원이 출국하는 경우 출국일 현재 1주택을 보유하고 있고 출국일로부터 2년 이내에 당해 주택을 양도하는 경우 보유기간 요건을 충족하지 않더라도 비과세한다.

③ 1주택을 보유하는 자가 1주택을 보유하는 자와 혼인함으로써 1세대 2주택을 보유하게 되는 경우 혼인한 날부터 10년 이내에 먼저 양도하는 주택(보유기간 및 거주기간의 요건은 충족)은 비과세한다.

④ 「건축법 시행령」 별표 1 제1호 다목에 해당하는 다가구주택은 해당 다가구주택을 구획된 부분별로 분양하지 아니하고 하나의 매매단위로 하여 양도하는 경우 그 구획된 부분을 각각 하나의 주택으로 본다.

⑤ 「민간임대주택에 관한 특별법」에 따른 민간건설임대주택을 취득하여 양도하는 경우로서 해당 건설임대주택의 임차일부터 해당 주택의 양도일까지의 기간 중 세대 전원이 거주한 기간이 5년 이상인 경우 보유기간 요건을 충족하지 않더라도 비과세한다.

109 **「소득세법」상 거주자의 양도소득세 비과세에 관한 설명으로 옳은 것은?**

① 국내에 1주택만을 보유하고 있는 1세대가 해외이주로 세대 전원이 출국하는 경우 출국일로부터 3년이 되는 날 해당 주택을 양도하면 비과세된다.

② 법원의 결정에 의하여 양도 당시 취득에 관한 등기가 불가능한 미등기주택은 양도소득세 비과세가 배제되는 미등기 양도자산에 해당하지 않는다.

③ 직장의 변경으로 세대 전원이 다른 시로 주거를 이전하는 경우 6개월간 거주한 1주택을 양도하면 비과세된다.

④ 양도 당시 실지거래가액이 15억원인 1세대 1주택의 양도로 발생하는 양도차익 전부가 비과세된다.

⑤ 농지를 교환할 때 쌍방 토지가액의 차액이 가액이 큰 편의 3분의 1인 경우 발생하는 소득은 비과세된다.

110 다음은 「소득세법 시행령」 제155조 '1세대 1주택의 특례'에 관한 조문의 내용이다. ( )에 들어갈 법령상의 숫자를 순서대로 옳게 나열한 것은?

- 1주택을 보유하는 자가 1주택을 보유하는 자와 혼인함으로써 1세대가 2주택을 보유하게 되는 경우 혼인한 날부터 ( )년 이내에 먼저 양도하는 주택은 이를 1세대 1주택으로 보아 제154조 제1항을 적용한다.
- 1주택을 보유하고 1세대를 구성하는 자가 1주택을 보유하고 있는 ( )세 이상의 직계존속(배우자의 직계존속을 포함하며, 직계존속 중 어느 한 사람이 ( )세 미만인 경우를 포함)을 동거봉양하기 위하여 세대를 합침으로써 1세대가 2주택을 보유하게 되는 경우 합친 날부터 ( )년 이내에 먼저 양도하는 주택은 이를 1세대 1주택으로 보아 제154조 제1항을 적용한다.
- 영농의 목적으로 취득한 귀농주택으로서 수도권 밖의 지역 중 면지역에 소재하는 주택과 일반주택을 국내에 각각 1개씩 소유하고 있는 1세대가 귀농주택을 취득한 날부터 ( )년 이내에 일반주택을 양도하는 경우에는 국내에 1개의 주택을 소유하고 있는 것으로 보아 제154조 제1항을 적용한다.
- 취학 등 부득이한 사유로 취득한 수도권 밖에 소재하는 주택과 일반주택을 국내에 각각 1개씩 소유하고 있는 1세대가 부득이한 사유가 해소된 날부터 ( )년 이내에 일반주택을 양도하는 경우에는 국내에 1개의 주택을 소유하고 있는 것으로 보아 제154조 제1항을 적용한다.

① 5, 55, 60, 5, 2, 2
② 10, 60, 60, 5, 2, 3
③ 1, 60, 55, 10, 3, 2
④ 5, 55, 55, 10, 5, 3
⑤ 10, 60, 60, 10, 5, 3

111 소득세법령상 거주자의 국내자산 양도에 대한 양도소득세의 비과세에 관한 설명으로 옳은 것은?

① 사업인정고시일 전에 취득한 주택(1세대 1주택임) 및 그 부수토지의 일부가 「공익사업을 위한 취득 및 보상에 관한 법률」에 의하여 수용되는 경우 그 수용일부터 10년 이내에 양도하는 잔존주택 및 그 부수토지는 비과세된다.
② 토지를 매매하는 거래당사자가 매매계약서의 거래가액을 실지거래가액과 다르게 적은 경우에는 해당 자산에 대하여 「소득세법」에 따른 양도소득세의 비과세에 관한 규정을 적용할 때, 비과세 받을 세액에서 '비과세에 관한 규정을 적용하지 아니하였을 경우의 양도소득 산출세액'과 '매매계약서의 거래가액과 실지거래가액과의 차액' 중 큰 금액을 뺀다.
③ 사업상의 형편으로 인하여 세대전원이 다른 시·군으로 주거를 이전하게 되어 6개월 거주한 주택을 양도하는 경우 보유기간 및 거주기간의 제한을 받지 아니하고 양도소득세가 비과세된다.
④ 취득 당시에 조정대상지역에 있는 주택으로서 공동상속주택인 경우 거주기간은 해당 주택에 거주한 공동상속인 중 그 거주기간이 가장 긴 사람이 거주한 기간으로 판단한다.
⑤ 상속받은 주택과 상속개시 당시 보유한 일반주택을 국내에 각각 1개씩 소유한 1세대가 상속받은 주택을 양도하는 경우에는 국내에 1개의 주택을 소유하고 있는 것으로 보아 1세대 1주택 비과세 규정을 적용한다.

112 소득세법령상 거주자의 양도소득세에 관한 설명으로 틀린 것은? (단, 국내 소재 자산을 양도한 경우임)

① 양도소득에 대한 과세표준은 종합소득 및 퇴직소득에 대한 과세표준과 구분하여 계산한다.
② 양도소득의 총수입금액은 양도가액으로 한다.
③ 양도소득금액 계산시 가장 나중에 공제되는 것은 양도소득기본공제액이다.
④ 양도소득 결정세액은 양도소득 산출세액에서 감면되는 세액이 있을 때에는 이를 공제하여 계산한다.
⑤ 공동으로 소유한 자산에 대한 양도소득금액을 계산하는 경우에는 해당 자산을 공동으로 소유하는 각 거주자가 납세의무를 진다.

113 「소득세법」상 토지의 양도차익 계산에 관한 설명으로 틀린 것은? (단, 특수관계인과의 거래가 아님)

① 취득 당시 실지거래가액을 확인할 수 없는 경우에는 매매사례가액, 환산취득가액, 감정가액, 기준시가를 순차로 적용하여 산정한 가액을 취득가액으로 한다.
② 양도와 취득시의 실지거래가액을 확인할 수 있는 경우에는 양도가액과 취득가액을 실지거래가액으로 산정한다.
③ 취득가액을 실지거래가액으로 계산하는 경우 자본적 지출액(지출에 관한 증명서류를 수취·보관함)은 필요경비에 포함된다.
④ 취득가액을 매매사례가액으로 계산하는 경우 취득 당시 개별공시지가에 100분의 3을 곱한 금액이 필요경비에 포함된다.
⑤ 양도가액을 기준시가에 따를 때에는 취득가액도 기준시가에 따른다.

114 거주자가 국내에 소재하는 등기된 부동산을 양도하는 경우, 「소득세법」상 양도차익 계산에 관한 설명으로 옳은 것은? (단, 특수관계자와의 거래가 아님)

① 양도가액을 매매사례가액으로 하는 경우 취득가액은 실지거래가액이 확인되더라도 매매사례가액으로 한다.
② 취득가액을 기준시가에 따를 때에는 양도가액도 기준시가에 따른다.
③ 특수관계인 간의 거래가 아닌 경우로서 양도 당시 실지거래가액을 인정 또는 확인할 수 없어 그 가액을 추계결정 또는 경정하는 경우에는 매매사례가액, 감정가액, 환산양도가액 또는 기준시가의 순서에 따라 적용한 가액에 따른다.
④ 취득가액을 감정가액으로 계산하는 경우에는 그 감정가액에 100분의 3을 곱한 금액이 필요경비에 포함된다.
⑤ 특수관계인에 해당하는 법인에 양도한 경우로서 해당 거주자의 상여·배당 등으로 처분된 금액이 있는 경우에는 「법인세법」 제52조에 따른 시가를 해당 자산의 양도 당시의 실지거래가액으로 본다.

115 **소득세법령상 거주자가 실지거래가액에 의해 부동산의 양도차익을 계산하는 경우 양도소득의 필요경비에 해당하는 것은 몇 개인가?** (단, 자본적 지출액과 양도비는 그 지출에 관한 증명서류를 수취 보관함)

- 폐업시 잔존재화에 대한 부가가치세
- 양도일부터 소급하여 10년 이내에 직계존속으로부터 증여받은 주택에 대하여 기납부한 증여세 상당액
- 취득시 법령에 따라 매입한 국민주택채권을 만기 전에 법령이 정하는 금융기관에 양도함으로서 발생하는 매각차손
- 취득대금에 충당하기 위한 대출금의 이자지급액
- 취득원가에 현재가치할인차금이 포함된 양도자산의 보유기간 중 사업소득금액 계산시 필요경비로 산입한 현재가치할인차금상각액
- 납부영수증이 없는 취득세
- 공인중개사에게 지출한 부동산중개보수

① 4개 ② 5개 ③ 6개
④ 7개 ⑤ 8개

116 **「소득세법」상 사업소득이 있는 거주자가 실지거래가액에 의해 부동산의 양도차익을 계산하는 경우 양도가액에서 공제할 자본적 지출액 또는 양도비용에 포함되지 않는 것은?** (단, 자본적 지출액에 대해서는 법령에 따른 증명서류가 수취·보관되어 있으며, 금융거래증빙도 갖추고 있음)

① 자산을 양도하기 위하여 직접 지출한 양도소득세 과세표준신고서 작성비용
② 납부의무자와 양도자가 동일한 경우 「재건축초과이익 환수에 관한 법률」에 따른 재건축부담금
③ 양도자산의 이용편의를 위하여 지출한 비용
④ 양도자산의 취득 후 쟁송이 있는 경우 그 소유권을 확보하기 위하여 직접 소유된 소송비용으로서 그 지출한 연도의 각 사업소득금액 계산시 필요경비에 산입된 금액
⑤ 자산을 양도하기 위하여 직접 지출한 공증비용

117 **「소득세법」상 거주자가 국내자산을 양도한 경우 양도소득의 필요경비에 관한 설명으로 옳은 것은?**

① 취득가액을 실지거래가액에 의하는 경우 당초 약정에 의한 지급기일의 지연으로 인하여 추가로 발생하는 이자상당액은 취득원가에 포함하지 아니한다.
② 양도차익을 실거래가액에 의하는 경우 양도가액에서 공제할 취득가액은 그 자산에 대한 감가상각비로서 각 과세기간의 사업소득금액을 계산하는 경우 필요경비에 산입한 금액이 있을 때에는 이를 공제하지 않는 금액으로 한다.
③ 「소득세법」 제97조 제3항에 따른 취득가액을 계산할 때 감가상각비를 공제하는 것은 취득가액을 실지거래가액으로 하는 경우에만 적용하므로 취득가액을 환산취득가액으로 하는 때에는 적용하지 아니한다.
④ 토지를 취득함에 있어서 부수적으로 매입한 채권을 만기 전에 양도함으로써 발생하는 매각차손은 채권의 매매상대방과 관계없이 전액 양도비용으로 인정된다.
⑤ 취득세는 납부영수증이 없으면 필요경비로 인정되지 아니한다.

118 다음은 개인사업자인 거주자 甲이 사업에 사용하던 상가건물을 2025.7.1.에 특수관계인 乙에게 양도한 내역이다. 「소득세법」상 양도차익은 얼마인가? (단, 주어진 자료 외에는 고려하지 않음)

(1) 건물과 관련된 정보
① 양도가액은 6억원, 취득가액은 4억원이며, 모두 실지거래가액이다.
② 양도 당시 건물의 감가상각누계액은 1,500만원이며, 감가상각비는 사업소득금액 계산시 필요경비에 반영되었다.
③ 건물에 대한 취득세로 납부한 금액은 1,300만원이며, 취득시 국민주택채권을 800만원에 매입하여 즉시 사채업자에게 300만원에 매각한 것이 확인되었다. 이를 동일한 날 금융회사에 매각한다면 200만원의 매각차손이 발생한다.
④ 양도 당시 건물의 시가는 6억 2,000만원이고, 건물의 보유기간은 5년 2개월이며 등기되었다.
(2) 양도시 중개보수 900만원을 부담하였고, 지출한 양도비의 적격증명서류를 수취하였다.
(3) 보유 중 납부한 재산세 합계액은 800만원이다.

① 159,850,000원
② 162,350,000원
③ 162,850,000원
④ 188,500,000원
⑤ 191,000,000원

119 다음은 거주자가 국내 소재 1세대 1주택을 양도한 내역이다. 「소득세법」상 양도차익은 얼마인가? (단, 양도차익을 최소화하는 방향으로 필요경비를 선택한다)

(1) 취득 및 양도내역(등기됨)

구 분	가 액		거래일자
	실지거래가액	기준시가	
양 도	15억원	10억원	2025. 3. 2.
취 득	확인 불가능	2억원	2016. 2. 4.

(2) 자본적 지출 및 양도비용은 4억원이며, 금융거래 증명서류에 의하여 확인된다.
(3) 매매사례가액과 감정가액은 없으며, 주어진 자료 외는 고려하지 않는다.

① 220,000,000원
② 306,000,000원
③ 400,000,000원
④ 1,104,000,000원
⑤ 1,100,000,000원

120 **소득세법령상 거주자가 국내에 소재하는 자산을 양도하는 경우 장기보유특별공제에 관한 설명으로 옳은 것은?** (다만, 양도자산은 비과세되지 아니한다)

① 양도소득 과세표준은 양도소득금액에서 장기보유특별공제를 공제한 금액으로 한다.
② 장기보유특별공제액은 해당 자산의 양도가액에 법령이 정하는 공제율을 곱한 금액으로 한다.
③ 법령이 정하는 1세대 1주택(등기됨)에 해당하는 주택은 3년 이상 보유하더라도 해당 주택에 거주하지 않은 경우에는 장기보유특별공제를 적용받을 수 없다.
④ 법원의 결정에 의하여 양도당시 취득에 관한 등기가 불가능한 부동산을 3년 이상 보유하고 양도하는 경우에는 장기보유특별공제를 적용받을 수 있다.
⑤ 등기된 상가건물을 20년 보유하고 양도하는 경우 장기보유특별공제율은 100분의 40이다.

121 **거주자가 국내에 소재하는 자산을 양도하는 경우 「소득세법」상 양도소득금액의 계산에 있어서 장기보유특별공제에 관한 설명 중 옳은 것은?**

① 조합원입주권(조합원으로부터 취득한 것은 아님)을 양도하는 경우 장기보유특별공제액은 「도시 및 주거환경정비법」 제48조에 따른 관리처분계획 인가 후 조합원입주권의 양도차익에 법령이 정하는 공제율을 곱한 금액으로 한다.
② 조합원으로부터 취득한 조합원입주권을 3년 이상 보유하고 양도하는 경우 장기보유특별공제가 적용된다.
③ 1세대 1주택(등기됨)으로서 보유기간이 15년이고 그 보유기간 중에 거주기간이 5년인 경우 장기보유특별공제율은 100분의 80이다.
④ 1세대 2주택으로서 등기된 주택을 5년 보유하고 그 보유기간 중에 거주기간이 2년인 경우 장기보유특별공제액은 해당 주택의 양도가액에 100분의 10을 곱한 금액으로 한다.
⑤ 배우자 또는 직계존비속간 증여재산에 대한 이월과세가 적용되는 경우 장기보유특별공제 계산시 해당 자산의 보유기간은 증여한 배우자 또는 직계존비속이 해당 자산을 취득한 날부터 기산한다.

122 **거주자 甲의 2025년 양도소득에 관한 자료이다. 양도소득세 확정신고시 토지X의 양도소득금액으로 옳은 것은?**

(1) 甲은 2015년 2월 토지X를 취득하여 등기를 마치고 이를 담보로 은행으로부터 200,000,000원을 차입하였다. 취득시 실거래가는 400,000,000원이고, 개별공시지가는 300,000,000원이다.
(2) 2025년 12월 甲은 토지X를 동생 乙에게 증여하였으며, 乙은 토지X를 증여받고 상기 차입금 200,000,000원을 인수*하였다. 증여시 토지X의 「상속세 및 증여세법」에 의한 시가는 확인되지 않았으며, 개별공시지가는 500,000,000원이다.
* 乙의 차입금 인수사실은 객관적으로 입증되었고, 乙은 차입금 및 이자를 상환할 능력이 있음
(3) 토지X의 실제 자본적지출은 10,000,000원이며, 필요경비개산공제율은 3%이고, 장기보유특별공제율은 20%이다. 갑은 토지X 외 부동산거래를 하지 않았다.

① 36,400,000원　② 58,620,000원
③ 61,120,000원　④ 89,180,000원
⑤ 91,680,000원

123 소득세법령상 거주자의 양도소득과세표준 계산 시 양도소득기본공제에 관한 설명으로 틀린 것은?

① 100분의 70의 세율이 적용되는 등기된 주택은 양도소득기본공제를 적용받을 수 없다.
② 같은 해에 국내에 소재하는 등기된 토지와 부동산을 취득할 수 있는 권리를 양도하는 경우 양도소득기본공제액은 최대 250만원이다.
③ 국내에 소재하는 등기된 토지와 국외에 소재하는 주택을 양도하는 경우 양도소득기본공제액은 각각 최대 250만원이다.
④ 같은 해에 여러 개의 자산(모두 등기됨)을 양도한 경우 양도소득기본공제는 해당 과세기간에 먼저 양도한 자산의 양도소득금액에서부터 순서대로 공제한다.
⑤ 양도소득금액에 감면소득이 있는 경우 양도소득기본공제는 그 감면소득금액 외의 양도소득금액에서 먼저 공제한다.

124 다음은 거주가 甲이 2025년도에 양도한 자산의 내역이다. 주택 분양권의 양도소득기본공제액으로 옳은 것은? (단, 비과세 대상 및 조세특례제한법상 감면대상소득은 없음)

(1) 2025년도 양도내역

구분	양도자산	양도차익	보유기간	등기여부
A	토지	200만원	5년 4개월	등 기
B	신탁 수익권	100만원	3년 2개월	-
C	상가 건물	500만원	8년 9개월	미등기
D	주택 분양권	200만원	10개월	-

(2) 양도순서는 A, B, C, D 순서이다.

① 0원 ② 50만원 ③ 70만원
④ 130만원 ⑤ 250만원

125 소득세법령상 1세대 1주택자인 거주자 甲이 2025년 양도한 국내소재 A주택(조정대상지역이 아니며 등기됨)**에 대한 양도소득과세표준은?** (단, 2025년에 A주택 외 양도한 자산은 없으며, 법령에 따른 적격증명서류를 수취 · 보관하고 있고 주어진 조건 이외에는 고려하지 않음)

구 분	기준시가	실지거래가액
양도시	18억원	25억원
취득시	13억 5천만원	19억 5천만원
추가사항	• 양도비 및 자본적지출액: 5천만원 • 보유기간 및 거주기간: 각각 5년	

① 153,500,000원 ② 156,000,000원
③ 195,500,000원 ④ 260,000,000원
⑤ 500,000,000원

126 「소득세법」상 거주자가 국내에 있는 자산을 양도한 경우 양도소득과세표준에 적용되는 세율로 틀린 것은? (단, 주어진 자산 외에는 고려하지 않음)

① 보유기간이 1년 이상 2년 미만인 등기된 상업용 건물: 100분의 40
② 보유기간이 1년 미만인 조합원입주권: 100분의 70
③ 보유기간이 3년인 분양권: 100분의 50
④ 양도소득과세표준이 1,400만원 이하인 2년 이상인 등기된 비사업용 토지(지정지역에 있지 않음): 100분의 16
⑤ 미등기 건물(미등기 양도 제외 자산 아님): 100분의 70

127 소득세법령상 거주자의 양도소득세과세표준에 적용되는 세율로 옳은 것은? (단, 국내소재 자산을 양도한 경우로서 주어진 자산 외에는 고려하지 않음)

① 보유기간이 6개월인 등기된 상가건물: 100분의 40
② 보유기간이 10개월인 「소득세법」에 따른 분양권: 100분의 70
③ 보유기간이 1년 6개월인 등기된 상가건물: 100분의 30
④ 보유기간이 1년 10개월인 「소득세법」에 따른 조합원입주권: 100분의 70
⑤ 보유기간이 2년 6개월인 「소득세법」에 따른 분양권: 100분의 50

128 「소득세법」상 거주자의 양도소득세에 관한 설명으로 옳은 것은? (단, 국내소재 자산의 양도임)

① 양도소득금액을 계산할 때 부동산을 취득할 수 있는 권리에서 발생한 양도차손은 같은 해에 토지에서 발생한 양도소득금액에서 공제할 수 없다.
② 국내 소재 토지와 비상장주식을 양도하는 경우 각각 발생한 양도차손은 양도소득금액 계산시 이를 합산한다.
③ 토지의 양도로 발생한 양도차손은 동일한 과세기간에 전세권의 양도로 발생한 양도차익에서 공제할 수 있다.
④ 양도차손은 같은 세율이 적용되는 자산의 양도소득금액에서 먼저 공제한다.
⑤ 토지에서 발생한 양도차손은 다음연도에 양도하는 토지의 양도소득금액에서 이월하여 공제받을 수 있다.

129 다음 자료를 기초로 할 때 소득세법령상 거주자 甲이 확정신고시 신고할 건물과 토지B의 양도소득과세표준을 각각 계산하면? (단, 아래 자산 외의 양도자산은 없고, 양도소득과세표준 예정신고는 모두 하지 않았으며, 감면소득금액은 없다고 가정함)

구 분	건물 (주택 아님)	토지A	토지B
양도차익 (차손)	150,000,000원	(20,000,000원)	25,000,000원
양도일자	25.3.10.	25.5.20.	25.6.25.
보유기간	1년 8개월	4년 3개월	3년 5개월

• 위 자산은 모두 국내에 있으며 등기됨
• 토지A, 토지B는 비사업용 토지 아님

	건 물	토지B
①	0원	16,000,000원
②	0원	18,500,000원
③	11,600,000원	5,000,000원
④	12,500,000원	3,500,000원
⑤	12,500,000원	1,000,000원

130 「소득세법」상 미등기 양도자산(미등기 양도제외 자산 아님)**인 상가건물의 양도에 관한 내용으로 옳은 것을 모두 고른 것은?**

ㄱ 양도소득세율은 양도소득과세표준의 100분의 70
ㄴ 장기보유특별공제 적용 배제
ㄷ 필요경비개산공제 적용 배제
ㄹ 양도소득기본공제 적용 배제

① ㄱ, ㄴ, ㄷ ② ㄱ, ㄴ, ㄹ
③ ㄱ, ㄷ, ㄹ ④ ㄴ, ㄷ, ㄹ
⑤ ㄱ, ㄴ, ㄷ, ㄹ

131 소득세법령상 거주자가 국내에 소재하는 주택을 취득에 관한 등기를 하지 아니하고 양도하는 경우 적용될 수 있는 것은? (단, 주택은 소득세법상 미등기양도제외자산 및 고가주택에 해당하지 아니함)

① 1세대 1주택(양도일 현재 5년 보유)을 양도하는 경우 양도소득세 비과세
② 양도소득기본공제
③ 주택을 3년 이상 보유한 경우의 장기보유특별공제
④ 취득가액을 실지거래가액에 의하지 않는 경우 주택 취득당시 법령이 정하는 가격에 일정한 비율을 곱한 금액을 필요경비로 공제
⑤ 1년 미만 보유한 경우 100분의 50의 세율

132 소득세법」상 미등기 양도 제외 자산을 모두 고른 것은?

> ㉠ 양도소득세 비과세요건을 충족한 1세대 1주택으로서 「건축법」에 따른 건축허가를 받지 아니하여 등기가 불가능한 자산
> ㉡ 법원의 결정에 의하여 양도 당시 그 자산의 취득에 관한 등기가 불가능한 자산
> ㉢ 「도시개발법」에 따른 도시개발사업이 종료되지 아니하여 토지 취득등기를 하지 아니하고 양도하는 토지

① ㉠ ② ㉡ ③ ㉠, ㉡
④ ㉡, ㉢ ⑤ ㉠, ㉡, ㉢

133 「소득세법」상 미등기 양도자산에 관한 설명으로 옳은 것은?

① 미등기 양도자산도 양도소득에 대한 소득세의 비과세에 관한 규정을 적용할 수 있다.
② 건설업자가 「도시개발법」에 따라 공사용역 대가로 취득한 체비지를 토지구획 환지처분공고 전에 양도하는 토지는 미등기 양도자산에 해당하지 않는다.
③ 미등기 양도자산의 양도소득금액 계산시 양도소득기본공제를 적용할 수 있다.
④ 미등기 양도자산은 양도소득세 산출세액에 100분의 70을 곱한 금액을 양도소득 결정세액에 더한다.
⑤ 미등기 양도자산의 양도소득금액 계산시 장기보유특별공제를 적용할 수 있다.

134 「소득세법」상 거주자의 국내 소재 부동산과 부동산에 관한 권리의 양도에 관한 설명으로 틀린 것은?

① 부동산매매계약을 체결한 거주자가 계약금만 지급한 상태에서 유상으로 양도하는 권리는 양도소득세의 과세대상이다.
② 상속받은 부동산을 양도하는 경우, 기납부한 상속세는 양도차익 계산시 이를 필요경비로 공제받을 수 있다.
③ 상속받은 부동산의 취득시기는 상속이 개시된 날로 한다.
④ 상속받은 부동산을 양도하는 경우, 양도소득세 세율을 적용함에 있어서 보유기간은 피상속인이 그 부동산을 취득한 날부터 상속인이 양도한 날까지로 한다.
⑤ 부동산을 취득할 수 있는 권리의 양도시 기준시가는 양도일까지 불입한 금액과 양도일 현재의 프리미엄에 상당하는 금액을 합한 금액이다.

135 **다음 자료를 기초로 거주자 乙의 토지 양도에 따른 양도소득금액을 계산한 것으로 옳은 것은?**

> (1) 거주자 甲은 2014.6.5. 토지를 400,000,000원(시가 600,000,000)에 특수관계에 있는 (주)A로부터 취득하여 등기를 완료하였다. 동 토지의 취득에 대하여는 「법인세법」상 부당행위계산의 부인규정에 따라 甲에게 소득처분이 이루어졌다.
> (2) 2021.7.10. 乙은 부친인 甲의 사망으로 인하여 위의 토지를 상속받았으며, 상속개시당시 시가평가액은 1,200,000,000원이다. 乙은 위 토지를 상속받을 때 「상속세 및 증여세법」에 따라 가업상속공제를 적용받았으며, 가업상속공제율은 60%라고 가정한다.
> (3) 2025.1.15. 乙은 상속받은 위의 등기된 토지를 특수관계가 없는 丙에게 1,500,000,000원에 양도하였다.
> (4) 양도자산과 관련하여 지출한 양도비용은 50,000,000원으로 적격증명서류를 수취하여 보관하고 있다.
> (5) 보유기간 3년 이상 4년 미만에 적용되는 장기보유특별공제율은 6%, 10년 이상 11년 미만에 적용되는 장기보유특별공제율은 20%이다.

① 502,000,000원　② 609,500,000원
③ 684,000,000원　④ 705,856,000원
⑤ 940,500,000원

136 **「소득세법」상 배우자 간 증여재산의 이월과세에 관한 설명으로 옳은 것은?**

① 이월과세를 적용하는 경우 거주자가 배우자로부터 증여받은 자산에 대하여 납부한 증여세를 필요경비에 산입하지 아니한다.
② 이월과세를 적용받은 자산의 보유기간은 증여한 배우자가 그 자산을 증여한 날을 취득일로 본다.
③ 거주자가 양도일부터 소급하여 10년 이내에 그 배우자(양도 당시 사망으로 혼인관계가 소멸된 경우 포함)로부터 증여받은 토지를 양도할 경우에 이월과세를 적용한다.
④ 거주자가 사업인정고시일부터 소급하여 2년 이전에 배우자로부터 증여받은 경우로서 「공익사업을 위한 토지 등의 취득 및 보상에 관한 법률」에 따라 수용된 경우에는 이월과세를 적용하지 아니한다.
⑤ 이월과세를 적용하여 계산한 양도소득결정세액이 이월과세를 적용하지 않고 계산한 양도소득결정세액보다 적은 경우에 이월과세를 적용한다.

137 **「소득세법」상 거주자 甲이 2019년 1월 20일에 취득한 건물**(취득가액 3억원)**을 甲의 배우자 乙에게 2023년 3월 5일자로 증여**(해당 건물의 시가 8억원)**한 후, 乙이 2025년 5월 19일에 해당 건물을 甲·乙의 특수관계인이 아닌 丙에게 10억원에 매도하였다. 해당 건물의 양도소득세에 관한 설명으로 옳은 것은?** (단, 주택은 아니며, 취득·증여·매도의 모든 단계에서 등기를 마침)

① 양도소득세 납세의무자는 甲이다.
② 양도소득금액 계산시 장기보유특별공제가 적용된다.
③ 양도차익 계산시 양도가액에서 공제할 취득가액은 8억원이다.
④ 乙이 납부한 증여세는 양도소득세 납부세액 계산시 세액공제된다.
⑤ 양도소득세에 대해 甲과 乙이 연대하여 납세의무를 진다.

138 **다음 자료를 기초로 할 때 소득세법령상 국내 토지A에 대한 양도소득세에 관한 설명으로 옳은 것은?** (단, 甲, 乙, 丙은 모두 거주자임)

- 甲은 2019.6.20. 토지A를 3억원에 취득하였으며, 2021.5.15. 토지A에 대한 자본적 지출로 5천만원을 지출하였다.
- 乙은 2023.7.1. 직계존속인 甲으로부터 토지A를 증여받아 2023.7.25. 소유권이전등기를 마쳤다 (토지A의 증여 당시 시가는 6억원임).
- 乙은 2025.10.20. 토지A를 甲 또는 乙과 특수관계가 없는 丙에게 10억원에 양도하였다.
- 토지A는 법령상 협의매수 또는 수용된 적이 없으며, 소득세법 제97조의2 양도소득의 필요경비 계산 특례(이월과세)를 적용하여 계산한 양도소득 결정세액이 이를 적용하지 않고 계산한 양도소득 결정세액보다 크다고 가정한다.

① 양도차익 계산시 양도가액에서 공제할 취득가액은 6억원이다.

② 양도차익 계산시 甲이 지출한 자본적 지출액 5천만원은 양도가액에서 공제할 수 없다.

③ 양도차익 계산시 乙이 납부하였거나 납부할 증여세 상당액이 있는 경우 양도차익을 한도로 필요경비에 산입한다.

④ 장기보유 특별공제액 계산 및 세율 적용시 보유기간은 乙의 취득일부터 양도일까지의 기간으로 한다.

⑤ 甲과 乙은 양도소득세에 대하여 연대납세의무를 진다.

139 **거주자 甲은 2019.10.20. 취득한 토지**(취득가액 1억원, 등기함)**를 동생인 거주자** 乙(특수관계인임)**에게 2022. 10.1. 증여**(시가 3억원, 등기함)**하였다.** 乙**은 해당 토지를 2025.6.30. 특수관계가 없는** 丙**에게 양도**(양도가액 10억원)**하였다. 양도소득은** 乙**에게 실질적으로 귀속되지 아니하고,** 乙**의 증여세와 양도소득세를 합한 세액이** 甲**이 직접 양도하는 경우로 보아 계산한 양도소득세보다 적은 경우에 해당한다. 「소득세법」상 양도소득세 납세의무에 관한 설명으로 <u>틀린</u> 것은?**

① 乙이 납부한 증여세는 양도차익 계산시 필요경비에 산입한다.

② 양도차익 계산시 취득가액은 甲의 취득 당시를 기준으로 한다.

③ 양도소득세에 대해서는 甲과 乙이 연대하여 납세의무를 진다.

④ 甲은 양도소득세 납세의무자이다.

⑤ 양도소득세 계산시 보유기간은 甲의 취득일부터 乙의 양도일까지의 기간으로 한다.

140 **「소득세법」상 거주자의 국내자산 양도소득세 계산에 관한 설명으로 <u>틀린</u> 것은?**

① 법인과 특수관계에 있는 주주가 시가 3억원(「법인세법」 제52조에 따른 시가임)의 토지를 법인에게 5억원에 양도한 경우 양도가액은 3억원으로 본다. 단, 법인은 이 거래에 대하여 세법에 따른 처리를 적절하게 하였다.

② 양도일부터 소급하여 10년 이내에 그 배우자로부터 증여받은 토지의 양도차익을 계산할 때 그 증여받은 토지에 대하여 납부한 증여세는 양도가액에서 공제할 필요경비에 산입한다.

③ 거주자가 배우자나 직계존비속이 아닌 특수관계인에게 자산을 증여한 후 그 자산을 증여받은 자가 그 증여일부터 15년 지난 후 다시 타인에게 양도한 경우 증여자가 그 자산을 직접 양도한 것으로 본다. 다만, 양도소득이 해당 수증자에게 실질적으로 귀속되지 아니한 것으로 본다.
④ 특수관계인에게 증여한 자산에 대해 증여자인 거주자에게 양도소득세가 과세되는 경우 수증자가 부담한 증여세 상당액은 양도가액에서 공제할 필요경비에 산입하지 아니한다.
⑤ 거주자가 특수관계인과의 거래(시가와 거래가액의 차액이 5억원임)에 있어서 토지를 시가에 미달하게 양도함으로써 조세의 부담을 부당히 감소시킨 것으로 인정되는 때에는 그 양도가액을 시가에 의하여 계산한다.

141 「소득세법」상 거주자의 양도소득세 신고 및 납부에 관한 설명으로 옳은 것은?

① 토지 또는 건물을 양도한 경우에는 그 양도일이 속하는 분기의 말일부터 2개월 이내에 양도소득과세표준을 신고하여야 한다.
② 양도차익이 없거나 양도차손이 발생한 경우에는 양도소득과세표준 예정신고의무가 없다.
③ 건물을 신축하고 그 신축한 건물의 취득일부터 5년 이내에 해당 건물을 양도하는 경우로서 취득 당시의 실지거래가액을 확인할 수 없어 환산취득가액을 그 취득가액으로 하는 경우에는 양도소득세 산출세액의 100분의 5에 해당하는 금액을 양도소득결정세액에 더한다.
④ 양도소득과세표준 예정신고시에는 납부할 세액이 1천만원을 초과하더라도 그 납부할 세액의 일부를 분할납부할 수 없다.
⑤ 당해 연도에 누진세율의 적용대상 자산에 대한 예정신고를 2회 이상 한 자가 법령에 따라 이미 신고한 양도소득금액과 합산하여 신고하지 아니한 경우 양도소득세 확정신고를 하여야 한다.

142 「소득세법」상 거주자의 국내토지에 대한 양도소득과세표준 및 세액의 신고납부에 대한 설명으로 틀린 것은?

① 법령에 따른 부담부증여의 채무액에 해당하는 부분으로서 양도로 보는 경우 그 양도일이 속하는 달의 말일부터 3개월 이내에 양도소득과세표준을 납세지 관할 세무서장에게 신고하여야 한다.
② 예정신고납부를 하는 경우 예정신고산출세액에서 감면세액을 빼고 수시부과세액이 있을 때에는 이를 공제하지 아니한 세액을 납부한다.
③ 예정신고납부할 세액이 2천만원을 초과하는 때에는 그 세액의 100분의 50 이하의 금액을 납부기한이 지난 후 2개월 이내에 분할납부할 수 있다.
④ 당해 연도에 누진세율의 적용대상 자산에 대한 예정신고를 2회 이상 한 자가 법령에 따라 이미 신고한 양도소득금액과 합산하여 신고하지 아니한 경우에는 양도소득과세표준의 확정신고를 하여야 한다.
⑤ 양도차익이 없거나 양도차손이 발생한 경우에도 양도소득과세표준의 예정신고를 하여야 한다.

143 **「소득세법」상 거주자의 양도소득세 신고납부에 관한 설명으로 옳은 것은?**

① 건물을 신축하고 그 취득일부터 3년 이내에 양도하는 경우로서 감정가액을 취득가액으로 하는 경우에는 그 감정가액의 100분의 3에 해당하는 금액을 양도소득결정세액에 가산한다.
② 공공사업의 시행자에게 수용되어 발생한 양도소득세액이 2천만원을 초과하는 경우 납세의무자는 물납을 신청할 수 있다.
③ 부담부증여의 채무액에 해당하는 부분으로서 양도로 보는 경우에는 그 양도일이 속하는 달의 말일부터 2개월 이내에 양도소득세를 신고하여야 한다.
④ 예정신고납부할 세액이 1천 5백만원인 자는 그 세액의 100분의 50의 금액을 납부기한이 지난 후 2개월 이내에 분할납부할 수 있다.
⑤ 납세의무자가 법정신고기한까지 양도소득세의 과세표준신고를 하지 아니한 경우(부정행위로 인한 무신고는 제외)에는 그 무신고납부세액에 100분의 20을 곱한 금액을 가산세로 한다.

144 **「소득세법」상 거주자의 양도소득세 징수와 환급에 관한 설명으로 옳은 것은?**

① 과세기간별로 이미 납부한 확정신고세액이 관할 세무서장이 결정한 양도소득 총결정세액을 초과한 경우 다른 국세에 충당할 수 없다.
② 양도소득과세표준과 세액을 결정 또는 경정한 경우 관할 세무서장이 결정한 양도소득 총결정세액이 이미 납부한 확정신고세액을 초과할 때에는 그 초과하는 세액을 해당 거주자에게 알린 날부터 30일 이내에 징수한다.
③ 양도소득세 과세대상 건물을 양도한 거주자는 부담부증여의 채무액을 양도로 보는 경우 예정신고 없이 확정신고를 하여야 한다.
④ 양도소득세 납세의무의 확정은 납세의무자의 신고에 의하지 않고 관할 세무서장의 결정에 의한다.
⑤ 이미 납부한 확정신고세액이 관할 세무서장이 결정한 양도소득 총결정세액을 초과할 때에는 해당 결정일부터 90일 이내에 환급해야 한다.

145 **거주자 甲이 2025년 7월 16일에 양도(**부담부증여는 아님)**한 상가건물의 양도소득세로 납부할 세액이 1,800만원인 경우 예정신고 또는 확정신고 시 甲의 최대 분납할 수 있는 세액과 분납기한으로 옳은 것은?**

	예정신고	확정신고
①	800만원, 2025.11.30.	800만원, 2026.7.31.
②	900만원, 2025.9.30.	800만원, 2026.5.31.
③	800만원, 2025.9.30.	800만원, 2026.7.31.
④	900만원, 2025.11.30.	900만원, 2026.5.31.
⑤	800만원, 2025.11.30.	900만원, 2026.7.31.

146 소득세법령상 국외자산 양도에 대한 양도소득세에 관한 설명으로 옳은 것은?

① 국외자산 양도에 대한 양도소득세 납세의무자는 해당 자산의 양도일가지 계속 10년 이상 국내에 주소를 둔 거주자만 해당한다.
② 외국법인이 발행한 주식의 양도로 발생하는 소득은 국외자산 양도소득의 범위에 포함된다.
③ 양도 당시의 실지거래가액이 확인되더라도 외국정부의 평가가액을 양도가액으로 먼저 적용한다.
④ 국외자산 양도차익을 계산함에 있어서는 양도가액 및 필요경비를 수령하거나 지출한 날 현재 「외국환거래법」에 의한 기준환율 또는 재정환율에 의하여 계산한다.
⑤ 미등기 국외자산에 대한 양도소득세율은 100분의 70이다.

147 거주자 甲은 2019년에 국외에 1채의 주택을 취득하였고, 2025년에 동 주택을 양도하였다. 이 경우 「소득세법」상 설명으로 <u>틀린</u> 것은? (단, 甲은 해당 자산의 양도일까지 계속 5년 이상 국내에 주소를 둠)

① 甲의 국외주택에 대한 양도차익은 양도가액에서 취득가액과 필요경비개산공제를 차감하여 계산한다.
② 甲의 국외주택 양도로 발생하는 소득이 환율변동으로 인하여 외화차입금으로부터 발생하는 환차익을 포함하고 있는 경우에는 해당 환차익을 양도소득의 범위에서 제외한다.
③ 甲의 국외주택 양도에 대해서는 해당 과세기간의 양도소득금액에서 연 250만원을 공제한다.
④ 甲은 국외주택을 3년 이상 보유하였음에도 불구하고 장기보유특별공제액은 공제하지 아니한다.
⑤ 甲은 국외주택에 대하여 해당 외국에서 과세를 하는 경우로서 법령이 정한 그 국외자산 양도소득세액을 납부하였거나 납부할 것이 있을 때에는 외국납부세액의 세액공제방법과 필요경비 산입방법 중 하나를 선택하여 적용할 수 있다.

148 소득세법령상 거주자가 2025년에 양도한 국외지산의 양도소득세에 관한 설명으로 <u>틀린</u> 것은? (단, 거주자는 해당 국외자산 양도일까지 계속 5년 이상 국내에 주소를 두고 있으며, 국외 외화차입에 의한 취득은 없음)

① 국외자산의 양도에 대한 양도소득이 있는 거주자는 양도소득 기본공제는 적용받을 수 있으나 장기보유 특별공제는 적용받을 수 없다.
② 국외 부동산을 양도하여 발생한 양도차손은 동일한 과세기간에 국내 부동산을 양도하여 발생한 양도소득금액에서 통산할 수 있다.
③ 국외 양도자산이 부동산임차권인 경우 등기여부와 관계없이 양도소득세가 과세된다.
④ 국외자산의 양도가액은 그 자산의 양도 당시의 실지거래가액으로 한다. 다만, 양도 당시의 실지거래가액을 확인할 수 없는 경우에는 양도자산이 소재하는 국가의 양도 당시 현황을 반영한 시가에 따른다.
⑤ 국외 양도자산이 양도 당시 거주자가 소유한 유일한 주택으로서 보유기간이 2년 이상인 경우에도 1세대 1주택 비과세 규정을 적용받을 수 없다.

필수 복습문제 정 답

1	2	3	4	5	6	7	8	9	10
③	⑤	④	⑤	①	③	④	①	④	③
11	12	13	14	15	16	17	18	19	20
①	⑤	①	⑤	②	③	⑤	⑤	④	③
21	22	23	24	25	26	27	28	29	30
④	④	④	④	②	⑤	③	②	⑤	⑤
31	32	33	34	35	36	37	38	39	40
④	①	②	③	④	①	③	⑤	⑤	②
41	42	43	44	45	46	47	48	49	50
③	①	③	④	①	④	⑤	③	⑤	⑤
51	52	53	54	55	56	57	58	59	60
⑤	③	④	④	③	⑤	③	③	①	②
61	62	63	64	65	66	67	68	69	70
①	③	②	④	④	⑤	④	⑤	④	①
71	72	73	74	75	76	77	78	79	80
①	⑤	③	②	③	⑤	①	①	④	⑤
81	82	83	84	85	86	87	88	89	90
⑤	⑤	②	④	③	⑤	⑤	②	⑤	③
91	92	93	94	95	96	97	98	99	100
⑤	③	④	④	③	④	①	①	②	③

101	102	103	104	105	106	107	108	109	110
②	⑤	③	①	①	⑤	⑤	④	②	⑤
111	112	113	114	115	116	117	118	119	120
④	③	①	⑤	②	④	①	⑤	①	④
121	122	123	124	125	126	127	128	129	130
⑤	③	①	③	①	③	②	④	④	②
131	132	133	134	135	136	137	138	139	140
④	⑤	②	①	①	④	②	③	①	③
141	142	143	144	145	146	147	148		
⑤	②	⑤	②	①	④	①	②		

제36회 공인중개사 시험대비 **전면개정**

2025 박문각 공인중개사
임기원 파이널 패스 100선 2차 부동산세법

초판인쇄 | 2025. 8. 1. **초판발행** | 2025. 8. 5. **편저** | 임기원 편저
발행인 | 박 용 **발행처** | (주)박문각출판 **등록** | 2015년 4월 29일 제2019-000137호
주소 | 06654 서울시 서초구 효령로 283 서경 B/D 4층 **팩스** | (02)584-2927
전화 | 교재 주문 (02)6466-7202, 동영상문의 (02)6466-7201

저자와의 협의하에 인지생략

정가 18,000원
ISBN 979-11-7519-058-0